蒙古民族文物图典

蒙古民族鞍马文化

蒙古民族服饰文化

蒙古民族毡庐文化

蒙古民族饮食文化

蒙古民族游乐文化

蒙古民族宗教文化

主编助理：张 彤

绘图指导：贾一凡

摄影：

孔 群　鄂 博　庞 雷　塔 拉　苏婷玲　吴运生　陈丽琴

绘图：

纪 烁　陈丽琴　陈拴平　陈[illegible]志　陈晓琴　武 鱼　阎 萍　王利利

徐亭明　刘利军　钟利国　包灵利　田金芳　杨 慧　高 娜　张利芳

袁丽敏　任波文　苏雪峰　张世喻　田海军　郝水菊　范福东　郭 宝

郭金威　王喜青　娜日丽嘎　王明月　史瑾莎　李 瑞　郝振男

责任印制　陆 联

责任编辑　贾东营

图书在版编目（CIP）数据

蒙古民族宗教文化／铁达，庆巴图编著.—北京：文物出版社，2008.1

(蒙古民族文物图典)

ISBN 978-7-5010-2200-7

Ⅰ.蒙… Ⅱ.①铁…②庆… Ⅲ.蒙古族-宗教文化-中国-图集

Ⅳ.B928.2-64　K281.2-64

中国版本图书馆 CIP 数据核字（2007）第 063899 号

蒙古民族宗教文化

铁 达　庆巴图 编著

文物出版社出版发行

（北京市东直门内北小街 2 号楼）

http://www.wenwu.com

E-mail:web@wenwu.com

北京文博利奥印刷有限公司制版

文物出版社印刷厂印刷

新华书店经销

889×1194　1/16　印张：21.25

2008 年 1 月第 1 版　2008 年 1 月第 1 次印刷

ISBN 978-7-5010-2200-7　定价：240.00 元

序言

中国北方草原，雄浑辽阔。曾经在这里和目前仍在这里生活的草原游牧民族，剽悍、勇敢、智慧，对中华文化的发展，乃至对中华民族的形成和发展，作出了极其重要的贡献。在中国域内恐怕难以找到一块没有受到北方草原游牧民族影响过的地方。不仅如此，北方草原游牧民族，对世界历史发展的影响，也令人瞩目。这其中，影响最大的当属至今仍生息在这块草原上的蒙古民族。

蒙古民族从成吉思汗统一北方草原诸部落起，至今已有800多年历史，在继承古代草原游牧文化的基础上，以广阔的胸怀大量吸收欧亚诸民族文化，把草原游牧文化推向历史的辉煌顶峰，创造了适应于草原自然环境，深刻反映在政治、军事、生产、生活、娱乐等各领域中的独具特色的文化形态，即我们所珍视的草原游牧文化。草原游牧文化，是中华民族文化百花园中的奇葩，也是世界文化宝库中难得的珍宝。

毋庸讳言，随着现代工业及交通、通信和计算机网络等现代经济和科学技术的发展，草原游牧生产方式正在迅速消失，其传统的文化形态也正在被新的文化形态所代替，这是不可逆转的趋势。因此，草原游牧文化正在成为或部分已经成为文化遗产了。正因为如此，它的价值也更加凸显出来。

世界上每一个国家的民族文化，都是在其特定的自然环境和长期的生产生活中形成和发展起来的。每一个民族的文化，都是其民族的灵魂和血脉，是维系其民族存在的精神纽带，是其区别于其他民族并自立于世界民族之林

内蒙古自治区党委常委、宣传部长

的标志。所以，现在世界各个国家都在努力保护本国的民族文化。在我国北方草原游牧文化正在发生嬗变之时，这套《蒙古民族文物图典》的出版，无疑有着极高的价值。世界上蒙古族人口有900余万，600余万在中国。其中在内蒙古生活的蒙古族有400余万人。而到目前，对蒙古族的鞍马、服饰、毡庐、饮食、游乐、宗教等民族文物，比较系统地用测绘描图等科学方法研究记录并出版，在世界上尚属首次。这是对蒙古族文物的一项成功的抢救保护措施。这套图典中收录的民族文物，在蒙古族各部落的文物中具有典型性、标志性。它继承了我们优秀的民族文化，承载着愈来愈加珍贵的众多信息，在未来我们生产、生活和文化艺术活动中对蒙古族优秀传统文化的传承，可能会起着像“字典”、“辞典”一样的作用。

这套图典对蒙古民族文化的研究和保护，采用了一种新的视角和方法，对今后的研究工作可能会有引导和借鉴作用。所以，当策划开展此项研究时，我就是一位热心的支持者。认为这项研究及图典的编纂出版，对我国巩固民族团结和祖国统一，对我们未来的文化发展，都有着积极意义。《蒙古民族文物图典》的出版，充分体现了我们党和政府对保护民族文化遗产的高度重视，也反映了内蒙古自治区文物工作者对研究和保护民族文化遗产的奋斗精神。在图典出版之际，我谨向从事这项研究的同志们所取得的成果表示祝贺，也祝愿图典为祖国文化遗产的保护和传承发挥应有的作用。

目录

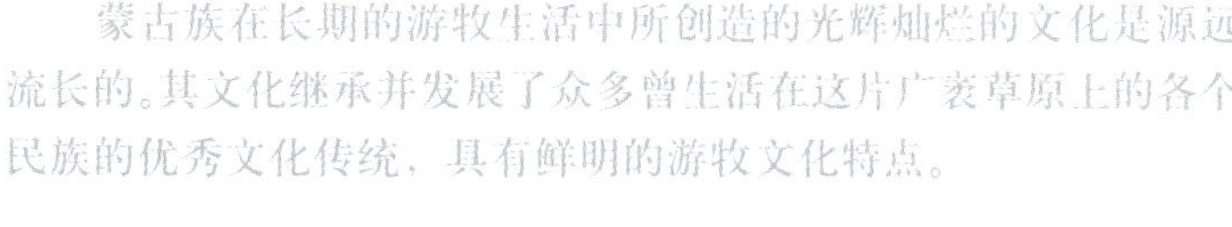

绪论　蒙古民族的信仰与崇拜

古老的蒙古高原是蒙古族文化形成和发展的沃土。这里地广人稀，干旱少雨，草原、沙漠广布，适合于畜牧业生产。而与这种自然环境、气候条件相适应的以游牧业为特点的生产方式，深深地影响着蒙古民族，使其文化具有鲜明的游牧文化特色。同时，恶劣的自然环境和游牧经济本身的局限性，也深深影响着蒙古族广大民众的精神生活。由于对自然环境的依赖和恐惧，他们崇尚自然、崇拜图腾，最终萨满教成为蒙古族的主要信仰，其民族文化受到游牧经济和萨满教文化的双重影响，从而形成了具有浓郁民族特色的蒙古族文化。13世纪，随着元王朝的进一步扩张，蒙古族与藏族的交往日益增多，佛教与藏文化结合而形成的喇嘛教开始传入蒙古高原。喇嘛教的传入和发展，不仅改变了蒙古族的宗教信仰，而且从意识形态开始渗透到蒙古社会生活的方方面面，也促进了蒙古族文化向着喇嘛教与游牧文化相结合的方向发展，这一转变随着喇嘛教在蒙古社会主导地位的确立而最终完成。

一、萨满教植根于大漠草原

蒙古民族早期信仰——萨满教，是中国北方原始文明的核心，是历史上起源最早、延续最久的宗教之一。也是古代亚洲草原大部分游牧民族所信仰的一种原始宗教。“萨满”一词为满——通语族语言，意为“兴奋狂舞之人”。因为满——通语族各民族用“萨满”一词称呼主持宗教仪式的巫师，这种宗教信仰就被称为萨满教。萨满教曾经在匈奴、鲜卑、通古斯、女真、契丹、蒙古、维吾尔、吉尔吉斯、爱斯基摩、印第安等部落民族中盛行过，也使这些民族走过了共同的精神历程。远古时代的人们把各种自然物和变幻莫测的自然现象与人类本身联系起来，并赋予他们以主观意识，从而对它敬仰和祈求，形成了最初的宗教观念。萨满教的主要信仰是万物有灵、灵魂不灭和多神崇拜，认为宇宙有上中下三界之分，上界为神灵居所，中界为人类居所，下界为鬼魔居所。萨满教形成于原始社会后期，对处于原始民族社会发展阶段的各民族有着广泛而深远的影响。

1．崇尚自然

古代北方各民族生活在大漠南北，气候寒冷，逐水草而居，生活方式以狩猎和畜牧业为主。由于生产力水平低下，这些民族根本不可能掌握自己的命运，只能任由自然摆布。在他们的幻想中，大自然的一切都是有灵的，可以主宰人类的命运。在强大的自然力面前，他们除了崇拜自然

界伟大的力量，祈求通过崇拜而得到佑护之外，是不可能有别的选择的。这种心理通过原始文化形态符号保存于北方岩画之中。

居住在蒙古高原旧石器时代晚期的古人类已经懂得绘制与宗教礼仪有关的壁画。阴山岩画产生于遥远的古代，大多是原始氏族的作品，直接反映了起源于这里的游牧民族及先人对天体宇宙崇拜的事实。如：在托林沟西北阿木苏一条小土沟东边的两块巨石上凿刻的两组天象图岩画，有两方面共同特点很有意味。首先，图像将表现星月的主体部分安排在巨石的顶端，在空间位置上表示对天的尊崇。其次，其中一幅刻有人面像，显然表现人对天的谦卑，以空间的位置表现尊卑有序的神与人的关系，说明原始宗教的自然观已经有了鲜明的秩序建构。正如我国著名的岩画专家盖山林先生在其所著的《阴山岩画》一书中说："散见于各地的形形色色的人面像、兽面像，是当时人们崇拜的天神地祀，其中有山川之神、天神、太阳神、星神以及各种各样的神。拜祀这些神是一桩十分严肃的事。如在阴山有一幅拜日图像的人挺立于大地，双臂上举，双手合于头顶，上面有一太阳，显得庄严肃穆。在神像的前面，通常清水畅流，并有开阔的平地或沙滩。缅怀当年的原始人，一定在巫师的率领下集体跳媚神舞蹈。"

兴起于13世纪的蒙古民族对天也是崇拜有加的。蒙古族称天神为腾格里，腾格里的产生可能和自然崇拜一样，出现的时间很早，其主导地位的形成只有在私有制出现以后，为适应统治阶级的需要才确立了天神的地位。腾格里并不是指某一种单一的天神，它是一个人格化的神灵。海西希在《西藏和蒙古的宗教》一书中引用了蒙古的神歌："我东部的四十四个腾格里天神，我西部的五十五尊腾格里天神，我北部的三尊腾格里天神。"这里共有的腾格里天神是众多神的通称。在这些腾格里天神中，最高的神是长生天。随着社会的发展，统治阶级逐步强化腾格里天神的地位，赋予其新的内容，将其奉为主宰一切的绝对天神，并在人们的意识中逐渐占据主导地位，称为长生天。《元史》卷七二："元兴朔漠，代有拜天之礼。"宋人孟珙在《蒙鞑备录》称，蒙古"其俗最敬天，每事必称天"。统一漠北各部的成吉思汗，1206年成为大汗，大萨满阔阔出宣称："上天有意，你的称号应为成吉思汗。”据《蒙古秘史》、《史集》中记载，成吉思汗曾多次虔诚地跪倒在尘埃上，向青天顶礼膜拜。成吉思汗每次出征，都是执行“长生天”的意志，每一次出征都是“赖长生天之力，得天地之赞助”的结果。对长生天的崇拜成为当时蒙古族普遍的社会思想。长生天在13～14世纪蒙古的书简、法令及墓志中经常使用。蒙古古代典籍和传说中，长生天被称为“霍尔穆斯达”，意为“天帝”或“玉皇大帝”。

2．敬仰图腾

图腾崇拜是原始宗教的一种形式，它和氏族社会的发展相一致。“图腾”一词是北美印第安鄂吉瓦部落方言，其含义是“他的亲属”。远古人认为，一个氏族与某一动物或植物有神秘关系，从而将某一动物或植物作为崇拜对象。图腾崇拜的过程形成了种种图腾禁忌，主要是禁止同一图腾崇拜者之间发生婚姻关系，不能捕杀本氏族图腾动物，也不能食用图腾动物。世界上一切民族都经历过图腾崇拜时代。

北方的古代民族也有过自己的图腾崇拜时代。生活在茫茫阴山的先人们曾留下不少永久的氏族图腾。蒙古族历史上曾有过以苍狼、白鹿为标志的图腾崇拜，狼取其雄武，鹿取其柔顺。《蒙古秘史》记述成吉思汗的根源时说：“奉天命而生之孛帖赤那，其妻豁埃马阑勒，渡腾及思而来，营于斡难河源之不而罕哈勒敦，而生者巴塔赤罕也。”“苍色狼”和“惨白色鹿”则是两个以狼、鹿为图腾的婚姻集团。所谓“孛儿帖·赤那”者，实际上乃是“苍色狼”，“豁埃·马阑勒”则是“惨白色鹿”。下传十代，赤儿只吉歹蔑儿干以妻子忙豁勒真豁阿的部落称号为姓，曰：“忙豁勒”；以苍狼的苍色为氏，曰：“孛儿只斤”。从此，他的子孙皆称为忙豁勒孛儿只斤氏。忙豁勒在历史上几经演变，最后成为蒙古。这些传说昭示了蒙古民族的祖先与狼的亲缘关系，并将狼作为图腾加以崇拜。对狼图腾的禁忌也随之产生了。如《黄金史纲》称：“传令大狩，行围于杭爱山，敕言：‘若有苍狼、花鹿入围，不许杀戮；卷毛黑人骑铁青马入围，要生擒他。’果有苍狼、花鹿入围，而放走未杀。”从苍狼、白鹿相配生下传说中的蒙古族的祖先巴塔赤罕直到成吉思汗时，已经过22代，成吉思汗征服西夏时下令不准杀戮苍狼、花鹿，足见狼图腾在蒙古民族中的影响之深、流布之广。

蒙古族古代有以鹰为图腾的氏族。民俗学者白翠英在《科尔沁博艺术》一书中认为："科尔沁盔上的动物性装饰，无论"二龙"还是"金鹰"，它们都是'图腾'物的象征。"追根溯源，波兰学者尼斡拉兹披露了这样一个传说："据布里亚特族之传说，谓最初之萨满，系一大鹰，因善神为保护人类，恐人受恶神之害曾派一鹰下界保护人。"一些学者在调查中发现，嫩江流域的蒙古族居住地还分布着不少鹰敖包。或许，这就是鹰图腾的延续。每一个民族的文化中都或多或少留下了图腾文化的痕迹，当时的图腾文化内涵，我们无法用现代人的思维和审美角度去完全还原破译，但至少它已经成为那个逝去时代的象征和回忆。

3．从祖先崇拜到翁衮崇拜

古代原始先民在经历了自然崇拜、图腾崇拜之后，进入了祖先崇拜的阶段。某一氏族成员认为自己源于某种动植物，实际上已经包含着祖先崇拜的涵义。祖先崇拜以灵魂崇拜为基础，是灵魂崇拜的一种形式。只是祖先的灵魂与崇拜者有某种血缘关系，而且是对人而不是动物的崇拜。将祖先的亡灵作为神进行崇拜和祭祀，这也正是蒙古族萨满教的重要内容之一。

最初蒙古人对灵魂概念并不十分清楚，认为人死即由此世渡彼世，其生活与此世相同。将已故去人之用品随葬在墓旁，以其爱马及备鞍辔并器具殉之，以供死者彼世之用。他们认为人有生有死，是因为有一种附于人体而又能离开，并独立于人体外的"灵魂"起着决定作用。随着社会的发展，人们产生了对祖先的怀念，并为死者祭祀，特别是家长去世，要举行隆重的祭祀，祈求他的灵魂仍能保佑家族兴旺、平安。随着对灵魂崇拜与祭祀，逐渐形成祖先崇拜。特别是对家族中有影响的长者、首领、萨满等人为其塑像，称为"翁衮"。翁衮是指独立于躯体之外、不可能再返回躯体的灵魂。策·达赖在《蒙古萨满简史》中认为，最早翁衮可能是人们把自己认为最凶恶东西的形状用木头或石头仿制出来，用草或毛绳捆起来，对他磕头，因而产生了神像，然后发展到人形神像。死者算作一种新的神，叫做"翁衮"，也可称为神主。《元史》卷七四《祭祀》有关于祭祀祖先的记载："至元元年（1264年）冬十月，奉安神主于太庙，初定太庙七室之制。皇祖、皇祖妣第一室。"所供奉的"神主"，"高一尺二寸，上顶圆经二寸八分，四厢合剡一寸一分。上下四方穿，中央通孔，径九分，以光漆题尊谥于背上。"从上述记载中可以判断，皇室的祭祖

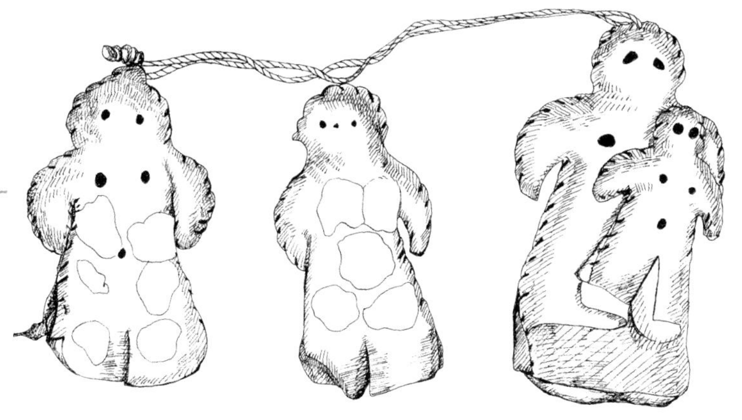

仪程已开始仿汉制，祖先的神像搬进了太庙。忽必烈即位后，很快着手太庙的建筑。中统四年（1263年）三月，"诏建太庙于燕京"。至元三年（1266年）十月，太庙建成。由于很快建了新的大都城，原来修建的太庙成为一个临时性的祭祖场所。太庙中的"神主"共有两种。一种是由刘秉忠在至元三年尊古制设计的木神主，用栗木制成。一种由八思巴在至元六年奉旨制成的"木质金表牌位"，称为"金主"。后来太庙中用的祖宗牌位，多是"金主"。从上述的描述可以判断，元朝汗庭接受祭祀的是蒙古黄金家族始祖的模拟人像，换句话说，这也是宫廷供奉的先祖"翁衮"。后来，忽必烈又将太庙中供奉的祖宗牌位分为八室，烈祖也速该、太祖成吉思汗、太宗窝阔台、定宗贵由、宪宗蒙哥及术赤、察合台、拖雷，都在祭享之列。除了在太庙祭祀祖宗牌位外，在当时的大都城内的寺院中，还有专门祭祀元朝皇帝"御容"的影堂，后来改称为"神御殿"。"所奉祖宗御容，皆纹绮局织锦为之。"此外，太祖、太宗、睿宗（拖雷）的"御容"，藏在翰林国史院，"院官春秋致祭"。

翁衮的制作材料从现有的实物和文献记载来看，主要是木材、羊皮、毛毡、布、丝织品等，但也有青铜铸造的翁衮，以及带有金属饰物的翁衮。13世纪中叶，奉教皇英诺森四世之命到过蒙古地区的约翰·普兰诺·加宾尼在谈到当时蒙古人制作翁衮的情况时这样描述："住在不同帐篷的所有主妇们都聚会在一起，非常尊敬地制作它们。当她们制作完毕时，杀一只羊举行会餐，并把骨头放在火上烧掉。"这样翁衮才会有祖先的神灵附体。普通蒙古人祭祀、崇拜翁衮，是把翁衮看成了家庭的保护神。

翁衮的另一个职能是充当萨满作法时的道具。一般萨满在举行宗教仪式时都要随身携带翁衮，在祭祀或驱鬼活动时翁衮作为保护神的代表来配合萨满增加驱鬼降魔的威力。此外，传说萨满死后，他的灵魂会附体于翁衮之上，成为山脉、江河、湖泊、森林等的保护神。以有形的形象代表无形的灵魂，这正是人类自我保护欲望宗教化的表现，对处于朝不保夕境遇中的先民们具有非同寻常的意义。人们既是翁衮的制造者，又是翁衮的崇拜者。

4．人与神的中介——萨满

在古代社会里，氏族要生存，必须通过巫师接引神从天降临人间以传谕人类，而人类也必须

通过巫师去接触神的世界以获得生活的价值。巫师的存在，弥补了人神之间最终隔离的悲剧性。萨满作为沟通人与神的使者，是氏族精神文化的代表，同时也充当着人类的保护者以及应付由疾病、灾难所带来的所有危险和各种痛苦，充当神媒，实施巫术，为人们消灾祈福。正是这种超人的驱除邪恶势力的功能，使萨满在整个蒙古社会受到人们的普遍崇拜，而且每个氏族都有自己的萨满。

阴山岩画中的大部分作品产生于新石器时代之后的原始氏族社会，人们尚无阶级的分化，社会结构从自然群落到氏族部落，乃是血缘关系的维系。其中部族首领和巫师（有时巫师就是首领），作为通灵者，属于有特权的人。他们在先民的眼中，甚至自己的感觉里都是不平凡的，因为当他们头顶插上羽毛、拿起法杖的时候，他们确信自己能看到地上地下、过去未来所发生的一切，从而具有超人的能力，能与神沟通，能拘禁猎物灵魂，能驱魔医病。他们借助神性张扬自身而享受对部落的支配权。

蒙古萨满出现于母权制时代，最初由女性担任。蒙古族称女性萨满为“奥德根”，称男性萨满为“勃额”。“勃额”与古老的蒙古尊称“别乞”是同一个词，“别乞”是古阿尔泰语，有官员、头领之意。早期，蒙古萨满在社会上与氏族的其他成员地位是平等的，并“兼幻人、解梦人、卜人、星者、医师于一身”，但不具有特殊身份时仍参加生产劳动。

蒙古社会进入10世纪中期后，从氏族社会向阶级社会过渡时往往“酋长同时又兼巫师”。从11世纪汗权的出现，到成吉思汗时期，萨满教在蒙古社会中已占有极其重要的地位，并逐渐趋于专业化。因此也就有了《蒙古秘史》记载的“别乞，骑白马，着白衣，坐于上座而行祭祀”的统治阶级的一个特殊阶层。前苏联学者符拉基米尔佐夫所著《蒙古社会制度》称：“‘别乞’这个词，是‘僧正’的意思，当然这一称号按萨满教的含义，即是大祭司。”这说明，在神权和汗权相结合的情况下使别乞凌驾于百官之上，萨满已成为最高统治者的工具。萨满教成为上至汗、王、贵族，下至属民、奴隶的精神支柱。

二、喇嘛教与蒙古人

喇嘛教是我国西藏地区地方化的佛教，也是汉地对藏传佛教的俗称，由该教称僧侣为喇嘛而得名。藏传佛教是佛教传入西藏，与当地的宗教、文化相互影响而形成的带有藏文化特点的宗教。藏传佛教在11世纪形成了众多的教派，其中噶举派、萨迦派、宁玛派、格鲁派等影响较大。13世纪以后，由于蒙古和元朝的支持，藏传佛教得到迅速发展，15世纪格鲁派势力逐渐强大，在西藏建立了政教合一的政治体制，并在蒙古社会以其无可替代的主导地位将藏传佛教发扬光大，其影响一直保持至今。

蒙古民族第一位信仰吐蕃佛教的应该是元太宗窝阔台之次子阔端（库腾汗）。成吉思汗逝世以后，其子窝阔台即汗位。1235年春，蒙古军兵分东西两路出兵伐宋。西路军由皇子阔端王率领。当时今河西地区是分给阔端王的管辖区域，是蒙古西路军的必经之路，同时也是蒙古人与西藏、中亚等地区直接或间接接触来往的要地。因此，阔端王大军要南下，首先要将西藏在内的藏区纳入蒙古汗国的版图。为了了解藏区的基本情况，1239年阔端遣其将多达宁波对西藏进行了一次小规模的军事行动。之后，多达宁波向阔端王汇报了从西藏了解到的一些情况："在边地西藏，僧迦组织以噶当派的最大，顾惜脸面以达垅吗举派的领袖最甚，排场华丽以止贡噶举派的京俄为最，教法以萨迦派班智达最精通，迎请何人请明谕。"从中可以看出，萨迦派班智达是位学识渊博的佛教高僧。1247年，阔端于凉州会见了萨迦班智达。阔端和萨迦班智达的凉州会晤，主要协商了西藏归顺蒙古汗国的问题，并取得了一致意见。由此，蒙古阔端王对藏传佛教有了进一步的认识，并皈依藏传佛教，尊崇萨迦王。此间，萨迦班智达向西藏各地僧俗领主发出了一封公开信，史称《萨迦班智达致蕃人书》。在信中，他首先叙述了他们此行的原因，后又叙述了如何受到阔端王的礼遇和阔端王对佛教的虔诚，并奉劝西藏各地的僧俗领主，归顺蒙古是大势所趋。从《萨迦班智达致蕃人书》我们可以看出，它明确了西藏的归属问题，奠定了吐蕃地方归顺蒙古的基础。萨迦班智达的举措得到了阔端的大力支持，并给予他掌领吐蕃各教派的权利，在西藏僧俗官员和教派中萨迦派占据了主导地位。

阔端与萨迦班智达的谈判结束了持续四百年的分裂局面，向统一中央王朝管辖下的吐蕃迈出了一步。在此后的整个元朝时期，历代皇帝都继承和发展了阔端王对西藏的方略，利用萨迦派的势力建立并巩固了元朝对西藏的统治，对奠定中国版图，对蒙古民族和藏民族的政治、经济、文

化交流打下坚实的基础。阔端王信奉喇嘛教，虽然使喇嘛教传入蒙古，但其传播范围仅限于阔端辖下的边地蒙古族当中，尚未传入蒙古本土。元世祖忽必烈是继承阔端之后第二位信仰喇嘛教的蒙古皇室成员。喇嘛教在蒙古上层及蒙古本土的流传是在忽必烈皈依喇嘛教之后。1251年，托雷长子蒙哥登上大汗宝座，命忽必烈南征大理。路经六盘山时，忽必烈在军营接见了八思巴，他们建立了施主与福田关系，忽必烈尊八思巴为上师。1260年，忽必烈继承了大汗位，八思巴立即得到了封赏，“世祖皇帝登基，建元中统，尊为国师，授以玉印，任中原法主，统天下教门”。从此八思巴掌握元朝宗教事务。1270年，元世祖将八思巴的封号从“国师”升为“帝师”。随着忽必烈与八思巴之间关系的不断加强，“国师”、“帝师”制度的建立和完善，整个蒙古民族与藏民族之间的政治、经济、文化关系也不断加强与巩固。自阔端迎请萨迦班智达说法，皈依喇嘛教，经忽必烈崇信喇嘛教，确立喇嘛教的正统地位，至1368年元顺帝妥欢帖木尔撤出元大都，退居蒙古草原，前后长达一百多年的时间里，元朝先后有9位皇帝受戒皈依喇嘛教，下至宗室、后妃、大臣、庶士均对喇嘛教顶礼膜拜。喇嘛教在蒙古上层中得到广泛传播。

元朝灭亡后，元顺帝退居漠北草原，由于政治原因和交通不便，蒙古族和藏族相互交往出现了一段时间的冷落。元末明初，受到整个元朝蒙古统治阶级扶植的藏传佛教萨迦派势力，失去了昔日的靠山，因此难以控制藏族地区的政治与宗教局势，各派别之间的斗争异常激烈复杂。在这种形势下，新兴的格鲁派势力为了扩充自己的力量，与北方草原上的蒙古族在政治和宗教上建立起新的联盟。蒙古族杰出领袖俺答汗与喇嘛教著名领袖索南嘉措承担起这一历史重任。

俺答汗，蒙古史籍称之为阿勒坦汗，为元太祖成吉思汗第25世孙，明代蒙古土默特部首领。16世纪中叶，统一东部蒙古的俺答汗，积极向青海扩张势力，力图与西藏建立联系。1571年，接受顺义王封号的俺答汗接待了来自西藏的阿兴喇嘛。同时，在青海，俺答汗看到喇嘛教格鲁派在当地非常受百姓的崇拜，在阿兴喇嘛的积极倡导建议下，遂于1576年遣使前往西藏，向格鲁派领袖索南嘉措发出邀请。索南嘉措接受邀请，于1577年由拉萨哲蚌寺起程，次年到达青海湖畔的仰华寺。俺答汗和三娘子为此举行了盛大的欢迎仪式。俺答汗赠予索南嘉措“圣识一切瓦齐尔达喇达赖喇嘛”的尊号。“圣识一切”为“遍知一切”，“瓦齐尔达喇”乃梵文“金刚持”之意，“达赖”是蒙古语“大海”之译音，“喇嘛”在藏语中为“上师”。从此藏传佛教中才有了“达赖喇嘛”的称号。索南嘉措则回赠俺答汗“转千金法轮咱克喇瓦尔第彻辰汗”的尊号，意为“功德无量，强大无比的圣明汗”。此后，格鲁派上层僧侣便将索南嘉措定为第三世达赖喇嘛，又向前追认了两世达赖喇嘛，从而确立了藏传佛教达赖喇嘛活佛转世系统。

俺答汗与索南嘉措的会见是蒙藏关系发展的新起点，为格鲁派进入蒙古地区奠定了基础。为使藏传佛教格鲁派教义在蒙古地区广泛传播，俺答汗将其所在地丰州滩上建立的呼和浩特更名为归化城，并在归化城建立一座寺庙，命名为弘慈寺。这样格鲁教派很快风靡蒙古地区，各地建庙立寺。仅归化城一带，除大召外，还筑建有席勒图召、庆缘寺、美岱召等寺庙。同时喀尔喀地区也修建了额尔德尼召等。俺答汗还邀请三世达赖索南嘉措到蒙古地区传教。此外，在政治方面，一些大封建主为了维护喇嘛僧人的利益制定了一些法律法规，其中有《俺答汗法典》和1640年的《蒙古—卫拉特法典》、《白桦法典》等。《俺答汗法典》是明代蒙古土默特首领俺答汗于1578～1581年期间主持制定的一部法典。这部法典是在原有的一些习惯法的基础上，吸取部分汉、藏刑律制订的一部法典。在该法典中俺答汗肯定了达赖喇嘛的神圣地位。《白桦法典》和《蒙古—卫拉特法典》中均有维护藏传教佛的内容。明代藏传佛教在蒙古人的政治、经济生活中起到重要的作用。

1583年，俺答汗逝世，三世达赖喇嘛索南嘉措应俺答汗之子僧格都古楞邀请来到土默特，为俺答汗的逝世举行隆重的诵经祈祷仪式，并按藏传佛教仪俗，将俺答汗遗骨火化。1587年，索南嘉措应察哈尔部图门之邀，到察哈尔部讲经说法，广收门徒，据《蒙古源流》卷七载“本年丁亥（1587年），察哈尔之阿穆岱洪台吉前来叩见，呈献金银币帛等物，驼马皆以万计，告以我察哈尔图门汗以及所属大众欲遣使敦请圣喇嘛，以阐扬佛教”。此外，索南嘉措还会见喀尔喀部的阿巴岱台吉，并赠予他“大威仪瓦齐尔可汗”的尊号，这是喀尔喀蒙古首领称汗的开始。据此《蒙藏佛教史》下册记载了阿巴岱汗与三世达赖喇嘛的会晤：“领受佛教要旨，迎经典归，为公所服”。于是喀尔喀蒙古在阿巴岱汗的倡导下皈依佛教，格鲁派在其教主索南嘉措不遗余力的努力下，势力不断扩大并迅速播及至大漠南北的蒙古草原地区。1588年，三世达赖索南嘉措在内蒙古卡欧吐密

一旗之长，由清政府任免。札萨克喇嘛总理全旗政教事务，既为行政长官，又为宗教首领。其任免上报理藩院备案，并由理藩院颁发札符。由于清政府采取了一系列政策，在蒙藏喇嘛教中，形成了达赖喇嘛、班禅额尔德尼、哲布尊丹巴呼图克图和章嘉呼图克图等四大活佛系统。清政府控制了四大活佛，也就控制了蒙藏喇嘛教，这对于统治蒙藏地区，发挥了重要的作用。

在喇嘛教发展的过程中，掌握认定“呼毕勒罕”（灵童）的权利，是控制喇嘛教的一个重要问题。清政府感到原来指认“呼毕勒罕”制度弊病很多。为了更好控制和利用喇嘛教，清政府于乾隆年间对蒙古活佛转世采取了一项重要措施——设置金笨巴瓶掣签制度。从此达赖喇嘛、班禅额尔德尼、哲布尊丹巴呼图克图、章嘉呼图克图以及各寺庙呼图克图的转世，都由清政府颁发的金瓶掣签来决定。金瓶掣签分设两处，一处设在西藏拉萨大昭寺内，另一处设在北京雍和宫。由于通过实行金本巴瓶掣签制度，将蒙藏地区各大喇嘛所控制的指认转世制度，改为清政府直接控制的掣签转世制度。掣签时，达赖、班禅、哲布尊丹巴呼图克图、章嘉呼图克图及驻藏大臣理藩院官员到场监督。

三、喇嘛教文化的印记

喇嘛教传入蒙古草原之后，萨满教几乎销声匿迹了。众所周知，在漫长的封建社会，畜牧业的脆弱性制约着经济的发展，地域的闭塞，较为简单的生活方式，较为缓慢的生活节奏及较为沉重的生活重荷，使人们处于困苦与迷惘之中，如果说蒙古族所信仰的萨满教所排列出来的系统的、完整的诸神体系，是人们无法把握自然，又无法把握自身时所寻求出路的幻想，那么喇嘛教就是人们在牧业经济发展到一定阶段人们要消除困惑、解决烦恼、追求幸福的又一精神支柱。

喇嘛教中有“微生天”的观念，认为事物是处在不断生、长、天的不变之中，而这一生、长、天的过程又包含了另一生、长、天的过程。喇嘛教将这种流转叫“轮回”现象。正因为这种“众生皆可成佛”的观念，迎合蒙古人消除忧愁、渴求幸福安康的心理，他们信佛崇佛，把全部希望寄托于那个虚无缥缈的来世。此外，众多的佛陀是信仰的对象。膜拜的形体，无论是大安息佛释迦牟尼、弥勒，还是小安息佛宗喀巴、莲花生，他们的脸上都焕发出了那种寂静自在的内心世界，实际上是对世事的悲惨、冷漠人生的艰难和苦楚的强烈反衬。这足以激起人们对于圆觉无碍之境

的无限向往。而那高雅神秘的经典正是启迪人们臻于真谛的钥匙。喇嘛教以其强烈的适应性、诱惑性、感染性激起了人们的宗教观念、宗教情绪和宗教情感，使其深深植根于蒙古这块土地上。此外，喇嘛教势力为使其彻底扎根蒙古，没有将平民百姓置于高高的殿堂之外，而是深入民间。同时蒙古族几千年不断丰富的民间传统，以巨大的威力改造着喇嘛教，使其一方面不得不将蒙古族的民俗文化纳入已体，另一方面则将喇嘛教溶入蒙古族民间文化，使其成为蒙古族传统文化的一部分。

喇嘛教尚未传播之前，蒙古民族与其他北方游牧民族一样一直信仰古老的萨满教，他们崇拜天、地、火、山等众神，并形成了一个完整的萨满教诸神体系。喇嘛教的传入对蒙古族的生活产生了极为重要的影响。它不仅控制和驾驭着蒙古民众的精神生活，而且关系着游牧人的日常起居、牧业生产、疾病治疗、节日祭祀等各个方面。喇嘛教之所以在民众中有如此巨大的吸引力，除了接受属于蒙古民众信仰的萨满教因素外，更重要的是为蒙古民众解决实际生活问题。因为寺院喇嘛不仅是僧侣，还兼任着工程师、天文家、占卜家和医生。因此，蒙古牧人很快接受了喇嘛教教规。同时，喇嘛教在同萨满教的斗争和碰撞中也在不断接受、兼容、吸收着萨满教文化的元素，从而形成了本土化的新喇嘛教文化。

生活习俗是民族文化的重要组成部分，是与自然环境密切相关。受草原环境影响，蒙古族的习俗具有深厚的游牧文化的特点，宗教文化的影响尤为明显，特别是萨满教逐渐淡出，并向喇嘛教转化所留下的痕迹。这些来自于喇嘛教文化的因素，都或多或少地影响着蒙古族的意识形态以及社会生活，它主要表现在饰物佩戴、家居布置，食物好恶及生活器具的纹饰造型等诸多方面。

1．祭祀敖包

敖包，也称鄂博。祭敖包是古代蒙古人流传下来的一种崇拜高山大石的原始宗教信仰。蒙古人沿袭了祖先祭敖包的古俗，认为雄伟的山，有通往天堂之路，敖包也被认为是众多自然神汇集的地方。

萨满教时代，杀牲献祭是祭敖包的重要方式，是谓“红祭”，即横劈马面，冲血为祭式杀死牛羊。他们认为牲畜为天所赐予，故杀牲以报天恩。同时，要请萨满跳神以求神灵佑护，其鲜血喷涌，跳神萨满的神情、动作、法器的铿锵撞击……无不震撼着人们的心灵。

喇嘛教传入蒙古地区后，蒙古人并没有放弃祭敖包，与萨满教时代所不同的是祭敖包纳入喇嘛教的内容。由于喇嘛教教义的影响，杀牲献祭遂更变为用奶食品祭，是谓“白祭”。萨满跳神也改由喇嘛带领众人围绕敖包行走并诵咏经文，主祭萨满让位于喇嘛。据《呼伦贝尔志略》云：祭敖包“亦例祭之重典……岁于五月或七月，由各旗致祭，合礼鄂博……全旗大小官员咸集，延喇嘛调经，以昭郑重……首由喇嘛诵经，鼓钹竞作，绕鄂博三周，至柴望地点，绕行三匝如前，举火燃柴，以香火投之而返，次由副都统率属向鄂博行跪拜礼，喇嘛排立案侧，诵经如前……”这种由喇嘛主持的祭敖包形式庄严肃穆，截然不同于萨满跳神的气氛，令人肃然起敬。因此，也就很自然的被蒙古民众承认并接受下来，一直流传至今。

2．敬仰天神

祭天，是蒙古族传统祭祀之一。祭天有着人类原始自然崇拜的遗迹。因为天的一切变化都涉及人的生产生活，也由此而产生的敬天、畏天心理，并把天神秘化，于是有了祭天活动并相延成俗。蒙古人的祭天习俗史书中早有记载，孟珙的《蒙鞑备录》中有“鞑靼人…其俗…正月初一必拜天，重午(农历五月初五)亦然”。在萨满教时代蒙古人“每事必称天”，“自鞑主至其民，无不然”(《黑鞑事略》)。祭天仪式由萨满主持，其活动无论场景与规模都是其他祭祀活动无法比的。

喇嘛教传入蒙古地区，并以取代萨满教之势迅速渗透蒙古社会，只是喇嘛教无力彻底改变蒙古人根深蒂固的祭天活动而崇拜佛祖，由于这种将天神化的心理和蒙古人所处的自然环境的相对封闭性，祭天习俗仍然存在于广大蒙古民众之中。只是祭天主持由喇嘛取代了萨满，跳神念咒改为念佛诵经。约定俗成的祭天活动在逢年过节或重大喜庆之日是必不可少的。罗卜桑却丹所著的《蒙古族风俗鉴》描绘了当时的祭天仪式：“过了半夜，在天亮前拜上天，拜天时要面向南方，西南磕头后，再转向北、东南方向磕头。院中放桌点佛灯，以祭天。”此外，其他资料中也看到祭天中的焚柏叶、点香、吹螺号、点天灯等喇嘛教仪程，它以不可逆转之势垄断了祭天仪式，蒙古民众就很自然的接纳了喇嘛教文化，喇嘛教曾试图利用其教义、教理去改变蒙古族固有的习俗，但改变后的习俗不可避免地带有蒙古族传统文化的成分。

3．饰品的造型与纹饰

蒙古族传统服饰是我们俗称为“蒙古袍”的长衫。蒙古袍一般用皮料做成，宽长带有滚边，袖子长而窄，喜用红、绿丝绢带扎在腰际，腰带两端带有蒙古刀、火镰、佩饰、褡裢烟盒等物。皮长袍一般用绸缎、锦布做面，偶有穿棉长袍。夏季穿的长袍多用布做成，颜色多为红、黄、蓝等。妇女的蒙古袍颜色比男子所穿的蒙古袍的颜色要鲜艳一些，袍子下端分开叉和不开叉两种，已婚妇女有些腰间不扎腰带。

男子喜留长发，发梳成辫子，用红、绿色绳扎住垂于背后，或盘于头顶。男子多扎耳朵眼，戴大耳环，妇女多留长发，婚前多把头发从中间分开，梳成两根大辫，头上用珠子、玛瑙、珊瑚、碧玉做成的簪子装饰。

进入清代以后，蒙古族服饰的蒙古袍基本一致，但从中可以清楚的看到喇嘛教文化的印记，尤其是喇嘛教给蒙古族服饰文化所带来的变化主要表现在饰物的纹饰及颜色方面。元代以后，喇嘛教进入蒙古主流社会，自然对蒙古族服饰的影响是很明显的。如明人萧大亨在《北虏风俗》中记载，当时蒙古人在“帽前赘以银佛”。内蒙古敖汉旗博物馆藏的一套元代蒙古族贵族宝杵纹纯金妇女头饰及胸前挂饰，在喇嘛教传入蒙古草原之前是不会出现的。清代以后，喇嘛教文化更为普遍，男子帽顶缀宝杆金银饰，妇女所佩戴的头饰及挂饰上八吉祥纹、法轮状、莲瓣纹不在少数。就连荷包、褡裢、佩饰、碗袋也涂上了喇嘛教崇尚的黄色。这些饰品在吸收喇嘛教文化的同时，为蒙古族传统服饰增添了绚烂的色彩，也丰富着蒙古族服饰文化的内涵。

4．居所的陈设及家具纹样

帐幕，或称为穹庐、毡帐，是草原居民不可缺少的居住场所。但被称作“穹庐”的居所，早在汉代以前的匈奴中就已经出现了，北朝时的一曲传唱了千百年的《敕勒歌》，唱出了蒙古草原无尽的风光。这些史实说明“蒙古包”是我国北方蒙古高原的众多游牧民族集体智慧的结晶，只是蒙古族继承和发展了这一合适游牧生活的独特居住方式。

为适应游牧生活的需要，一般居民的毡帐都是可以移动的。蒙古汗国时期前往草原出使的南宋人见过两种不同的毡帐。“燕京之制，用柳木为骨，正如南方罣罳可以卷舒，前面开门，上如伞骨，顶开天窗，皆以毡为衣，马上可载。草地之制，以柳木织成硬圈，径用毡挽定，不可卷舒，车上载行，水草尽则移。”两种毡帐大致概括了草原居民当时的居住形式。在草地常住的居民大多数居住在比较宽敞的帐幕中。喇嘛教传入后，对蒙古包的造型及结构方面似乎没有太多的影响，其主要影响表现在蒙古包内的日常用具和饰物的陈设，男女休息的位置以及有关禁忌等方面。喇嘛教传入后，蒙古人在蒙古包内摆放一些日用品和装饰品，这些物品视家庭贫富而有差异，但火盆和佛龛是不可缺少的。火盆一般在蒙古包的中间，呈圆形和方形。围绕中心的禁忌很多，轻易不能在其上烤脚、鞋、裤等，禁止用棍乱拨乱打，也不能在火盆上跨越等。这是蒙古族萨满教的火神崇拜观念的痕迹，喇嘛教将蒙古人崇拜的火神经过改造后，纳入了喇嘛教诸神系统之中。

在喇嘛教传入以前，这些来自喇嘛教的影响是不存在的，萨满教以其在蒙古草原上主导宗教的位置深深的影响着蒙古人。毡帐内的装饰很简单，主要是神像和供品。一般牧民将神像供在帐门两侧，并配以毛毡制成的牛、马、羊的乳房，用来祈求神祇对家畜的保护。在贵族和富裕人家的帐幕中央，常设置一个神龛，放置神像和供品。道森所著《出使蒙古记》中对蒙古人在帐中供奉了萨满教偶像—翁衮是这样描述：“他们对神的信仰并不防碍他们拥有的仿照人像以毛毡做成的偶像，他们把这些像放在帐幕门户的两边……首领们千夫长和百夫长，在他们帐幕的中央经常有一个神龛。”从中不难看出，萨满教对蒙古族生活习俗的影响似乎无处不在。这些被供奉在蒙古包中的萨

满翁衮，在喇嘛教传入以后逐渐淡出了人们的视野，取而代之的是喇嘛教众多的佛像，佛变成了蒙古人的保护神。正如《绥远通志稿》所记载："蒙人每家门首必请喇嘛书写咒文，张贴户上，或挂小旗于屋顶，室内神龛一座，中供佛像。"世代居住在蒙古包中的蒙古人，虔诚地将佛请入他们的毡帐中，并加以供奉。从出土文物看，草原地区在元代时喇嘛教的供品香炉也进入了牧人的毡帐。此外喇嘛教的影响还表现在蒙古包陶脑、门，包内家具也常常出现精美的喇嘛教彩绘图案。

5．饮食禁忌及器皿

饮食是民族文化的重要的组成部分。蒙古族的饮食文化有着悠久的历史，主要为肉食品和奶食品，具有游牧民族的饮食文化的特点。早期蒙古民族从事狩猎，主要以猎获物为食品，从事畜牧业后，既吃猎获物，也食用家畜的肉和奶。彭大雅所著《黑鞑事略》对这一点的描述非常清楚："其食，肉而不粒。猎而得者，曰兔、曰鹿、曰野彘、曰顽羊、曰野马、曰河源之鱼。牧而庖者，以羊为常，牛次之。非大宴，不刑马。其饮，马乳与羊牛酪。"从这些史料看，直接反映了13世纪蒙古人的饮食结构与状况，蒙古人以食肉为主，还食用鱼类和马肉等。

萨满教在蒙古社会占主导地位时，受萨满教影响，蒙古人认为一切食物都是萨满教神灵赐予的，所以在饮食之前都要向萨满神灵表示感谢，并举行简单的仪式。《鲁不鲁乞东行记》记载："当他们在一起会饮时，他们首先把酒洒在男主人头上的偶像身上，然后依次洒在所有其他偶像身上，在这样做了以后，一个似拿着一个杯子和一些饮料走出屋外，他向南方洒饮料三次，每次都跪下行礼，这是向火敬礼；其次，向东方、向天空敬礼；然后，向西方、向水敬礼；他们向北方投洒饮料，致礼于死者。"这些形成于萨满教时代的饮食习俗，在喇嘛教传入之后发生了明显的变化，人们不再认为一切食物是萨满神所赐，转而认为这些食物来自于佛的恩赐，进食之前敬神仪式也转向对佛的感恩。在食物选择方面，喇嘛教带来的变化也是明显的，马、鱼等一些动物被列入禁食的行列。喇嘛教给蒙古人饮食文化带来的影响还表现在饮食器皿的纹饰上。如：莲瓣纹皮囊壶、莲瓣纹捣茶罐、莲瓣纹高足银盘、僧帽沿方形东布壶等等，这些器物本身所反映出的喇嘛文化特征，无疑产生于喇嘛教传入之后。喇嘛教文化以其强大的攻势逐渐渗透蒙古族社会生活的方方面面，这些器物也毫不例外地被打上了深深的喇嘛教文化印记。

参考文献

1. 道润梯步著:《新译简注蒙古秘史》,内蒙古人民出版社,1979年。
2. 贾敬颜、朱风译:《汉译蒙古黄金史纲》,内蒙古人民出版社,1985年。
3. 萨囊彻辰著,道润梯步译校:《蒙古源流》,内蒙古人民出版社,1981年。
4. 《蒙古秘史》校勘本,内蒙古人民出版社,1980年。
5. 罗布桑却丹、赵景阳译:《蒙古风俗鉴》,辽宁民族出版社,1988年。
6. 志费尼著,何高济译,翁独健校订:《世界征服者》,内蒙古人民出版社,1981年。
7. 道森、吕浦、周良霄译:《出使蒙古记》,中国社会科学出版社,1983年。
8. 符拉基米尔佐夫著,刘荽译:《蒙古社会制度》,中国社会科学出版社,1980年。
9. 邢莉著:《游牧文化》,北京燕山出版社,1995年。
10. 盖山林著:《阴山岩画》,文物出版社,1986年。
11. 蔡志纯、洪用斌、王龙耿著:《蒙古族文化》,中国社会科学出版社,1993年。
12. 王家鹏著:《藏传佛教金铜佛像图典》,文物出版社,1996年。
13. 德勒格著:《内蒙古喇嘛教史》,内蒙古人民出版社,1998年。
14. 张碧波、董国尧:《中国古代北方民族文化史》,黑龙江人民出版社,2001年。
15. 孙懿:《从萨满教到喇嘛教》,中央民族大学出版社,2002年。
16. 嘎尔迪著:《蒙古文化专题研究》,民族出版社,2004年。
17. 白翠英著:《科尔沁艺术初探》哲里木盟文化处,内部资料,1986年。
18. 史卫国著:《元代社会生活史》,中国社会科学出版社,1996年。
19. 郭淑云、王刚著:《活着的萨满》,辽宁人民出版社,2001年。
20. 包·达尔汗著:《蒙古佛教音乐文化的多元性》,宗教文化出版社,2002年。
21. 王松林著:《远去的文明》,黑龙江人民出版社,2004年。

壹 萨满教的古老信仰与崇拜

早期蒙古人的信仰中，占据主导地位的是萨满教。对于萨满教的产生，学术界有不同的解释：一种说法认为，古代蒙古社会生产力水平低下，人们无法解释诸如天、地、日、月、星辰及雷电、狂风等变幻莫测的自然现象，便将这些现象归于神灵的主宰，因而崇信万物有灵，崇拜自然并逐渐形成灵魂不灭的观念。这样就形成了萨满教。另一种观点认为，蒙古社会的萨满教信仰源于图腾的崇拜。蒙古学者策·达赖在其所著的《蒙古萨满教简史》中认为，蒙古族社会曾以狼、鹿和鹰等动物作为图腾，并加以崇拜，因此而形成萨满教。

萨满教是蒙古草原上最古老的宗教，源于游牧民族对自然的崇拜，它支配着人们的思想以及生产生活方式，协调着人与自然的关系。萨满教不仅主宰着早期蒙古人的意识形态，而且这种影响随着萨满教在蒙古社会主导地位的确立，其影响不断加强。

蒙古族的萨满教有着颇为庞大的神灵系统，其中最主要的是“腾格里”。“腾格里”意为“天神”,“腾格里”并不是指某一种单一的天神，它是一个人格化的天神。据说蒙古萨满教的腾格里共有99尊，他们代表了来源于自然界的各种神奇的力量。众腾格里的首领是“蒙客·腾格里”，意为“永恒的天”,通常被称为“长生天”。长生天主宰一切，是所有天神的最高者，万物的最高君主，也是蒙古族至上之神。在当时的蒙古社会中上至帝王君臣，下至牧人百姓，普遍崇拜长生天，在各种重大的活动中都要向长生天祈祷。

火神“翰得罕·噶拉汗”也有着重要的地位，在蒙古人看来，火可以镇压一切邪恶，是幸福和财富之源。所以许多西方传教士要晋见可汗时，会叫他们从两堆火之间通过，以除不洁。另一个得到特殊尊崇的是地母女神“亦突根”，据说当时家家户户都供奉这尊神，以求得牲畜安全、家庭兴旺。蒙古族传统的敖包崇拜，就是来源于对地母女神的崇拜。

将祖先之灵魂作为神进行崇拜和祭祀是蒙古族萨满教的重要内容之一。古代蒙古人“以为死亡即由此世渡彼世，其生活与此世同”。随着社会的进一步发展，对祖先的灵魂崇拜演变为“翁衮”崇拜。所谓翁衮，指的是独立躯体之外，不能再返回躯体的灵魂。蒙古人通常以木或毡制成偶像，悬于帐壁，对其礼拜。

进入元朝之后，历代皇帝都对宗教采取了兼容并蓄的政策，但源于萨满教的各种“国俗旧礼”仍盛行，即使后来元朝皇室最为尊崇的藏传佛教也无法完全将其替代。各种重大的祭祀活动中“洒马奶子”致祭等都由萨满来主持。元亡，蒙古势力退回漠北草原之后，萨满教又一度兴盛起来，直到16世纪70年代，藏传佛教格鲁派再度进入蒙古草原之后，萨满教才开始逐渐走向衰败。

萨满作为人与神沟通的中介，在古代蒙古社会中享有很高的威望。成吉思汗在统一蒙古草原各部落的过程中，就曾借助大萨满阔阔出的力量成为统治世界的君主，建立了至高无上的权威。

一　蒙古草原的自然崇拜

天神岩画

位于内蒙古自治区临河市乌拉特后旗炭窑口一带

太阳神岩画

位于内蒙古自治区乌海市召烧沟一带

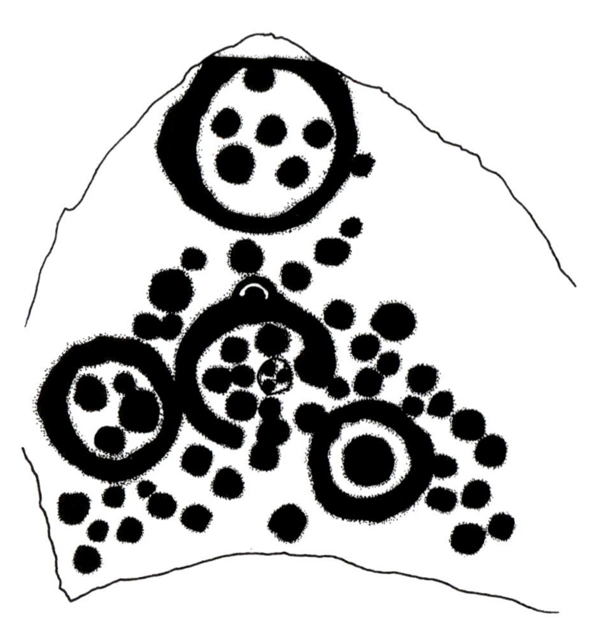

星神岩画

位于内蒙古自治区临河市乌拉特中旗韩乌拉山峰至白齐沟一带

拜日图岩画

位于内蒙古自治区临河市乌拉特后旗格尔敖包沟北布头沟一带。太阳崇拜在原始宗教意识中占有重要地位。拜日者拜的是自然物的太阳，物我两分，表现的是人性在强大的自然力面前的扭曲，更多的是对自然力的神秘和恐惧。在对太阳崇拜的历史中，使人形成了圆的意识，同时，圆也启示了人类对运动、周转、乃至事物周而复始、生生不息的运动规律的认知。

拜日图岩画

位于内蒙古自治区临河市乌拉特后旗格尔敖包沟一带

祈祷图岩画

位于内蒙古自治区临河市乌拉特中旗韩乌拉山峰西地里哈日山一带

二　图腾崇拜

狼作为凶残的动物，草原先民对其畏惧而崇拜。古代北方草原民族以狼作为图腾的不在少数，匈奴人、高车人、突厥人、党项人都曾有过狼的传说，并将其作为图腾加以崇拜。《蒙古秘史》开篇即云："承受天命而生的苍狼与惨白色的鹿相配，他们一同渡过腾汲思水，来到斡难河源头的不儿罕山前住下，生子名唤'巴塔赤罕'"。苍狼便成为蒙古人的祖先之神加以崇拜，狼也就成为蒙古人的图腾。

狼岩画

位于内蒙古自治区临河市乌拉特中旗几公海勒斯太沟西畔一带

狼岩画

位于内蒙古自治区包头市达茂联合旗推喇嘛庙西南的岩脉上

在内蒙古阴山岩画中可以看到许多蛇纹图案。这些蛇纹图案大概就是生活在阴山地区的先民们的氏族图腾。蛇在萨满教中被称为太阳神，能给人以温暖。同时，萨满教认为蛇性淫，能连续性交，具有很强的繁殖力，所以蛇纹也是隐喻男根的，这也是萨满教生殖崇拜的含义。

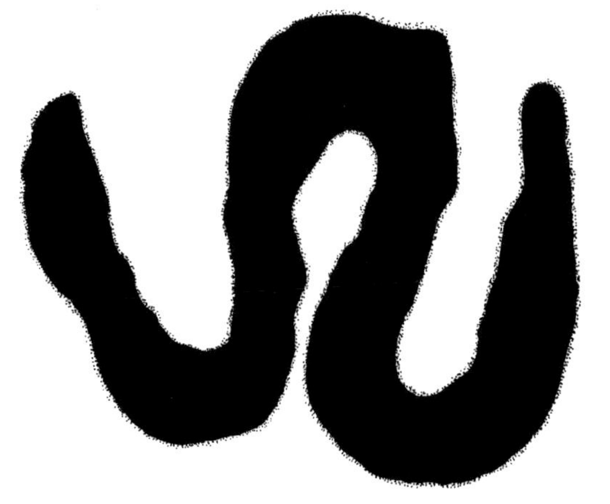

蛇岩画

位于内蒙古自治区临河市乌拉特后旗哈日干那沟南口一带

蛇岩画

位于内蒙古自治区临河市乌拉特后旗默勒赫图沟中段南岸石崖上

蛇岩画

位于内蒙古自治区临河市乌拉特后旗默勒赫图沟中段南岸石崖上

鹰岩画

位于内蒙古自治区包头市达茂联合旗推喇嘛庙西北的岩脉上

鹰岩画

位于内蒙古自治区包头市达茂联合旗推喇嘛庙西南的岩脉上

鹿岩画

位于内蒙古自治区临河市乌拉特中旗韩乌拉山峰西地里哈日山一带

鹿岩画

位于内蒙古自治区临河市乌拉特中旗韩乌拉山峰西地里哈日山一带

鹿岩画

位于内蒙古自治区临河市乌拉特中旗韩乌拉山峰西地里哈日山一带

三　祖先崇拜

元太祖成吉思汗画像

百眼窑《成吉思汗及后妃、四子受祭图》

元
泥
长120厘米　宽50厘米
绘于鄂尔多斯市鄂托克旗阿尔巴斯苏木百眼窑石窟第31窟

该幅壁画绘于百眼窑第31窟门左侧，时代为元初，计有大小人物一百余人，是整个石窟群人物最多、场面最大的一幅壁画。据考证，该壁画所绘内容为祭祀成吉思汗及其夫人和儿子的场面。

壁画人物共分四组，第一组在画面的左下方，为被祭祀的成吉思汗及三位夫人、四个儿子，均着盛装蒙古礼服，端坐于高台之上，接受台下另外三组人物的祭祀。画面上受祭者顺序为：左起第三人为成吉思汗，其左侧为正夫人孛尔帖兀真皇后；其右侧第一人为呼兰皇后；成吉思汗的四个儿子，从左至右依次是：术赤、察合台、窝阔台、拖雷。这幅画是目前已知时代最早的祭祀成吉思汗以及家人的壁画，具有极为重要的价值。

四　长相各异的翁衮

在阴山岩画中巫师的作品不在少数。在原始的巫术仪式中，巫师装扮不仅为神性的外观，前面既有供神的祭坛，旁边也有象征神的魔力的法器。作为通神者即属于有特权的人，他们借助神性张扬自身而享有对部落的支配权，有时巫师就是首领。

翁衮岩画

发现于内蒙古自治区临河市乌拉特后旗炭窑沟一带

蒙古族信仰的天神

达延山神

翁衮即神像，萨满将供奉的神祇制成“翁衮”，便于出行随身携带。其另一职能是作为萨满作法时的道具，在祭祀或驱鬼活动时，“翁衮”作为保护神的代表，配合萨满增加驱恶降魔的威力。“翁衮”的制作材料大体为木材、羊皮、毛毡、布、丝织品以及青铜。

木制翁衮

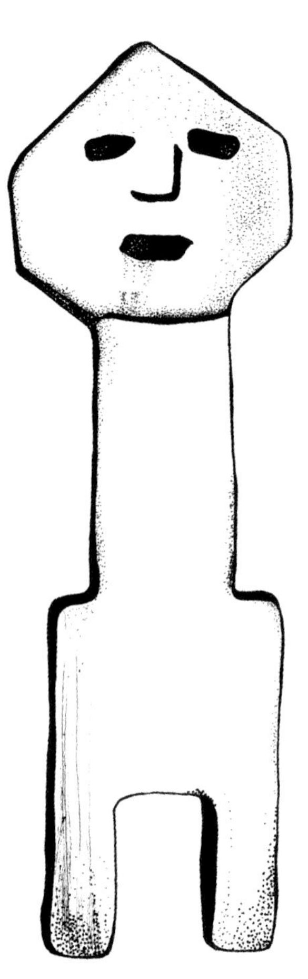

木制翁衮

清
木
高11.8厘米
原件藏于内蒙古博物馆

皮制翁衮

清

皮

高6.8厘米　7.1厘米　8.5厘米

内蒙古博物馆藏

皮毛翁衮

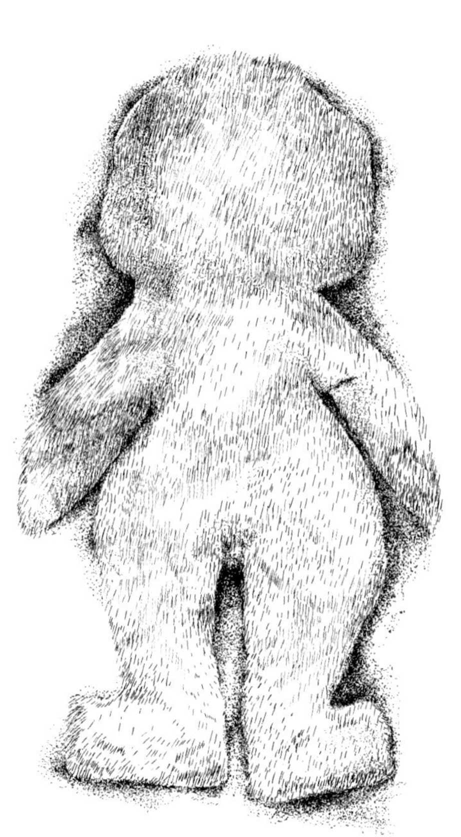

毡制翁衮

清
毡
高11厘米
原件藏于内蒙古博物馆

布贴翁衮

清
布
长35.5厘米　宽30厘米
内蒙古博物馆藏

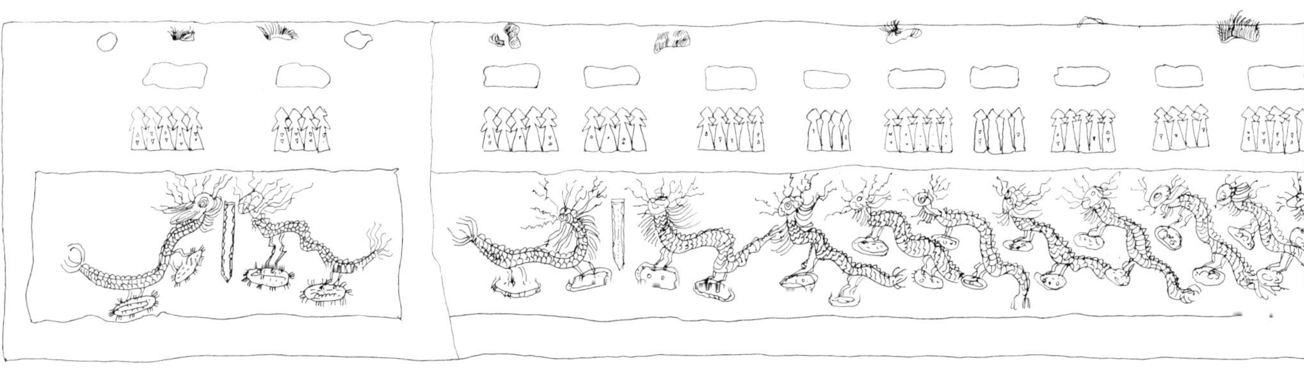

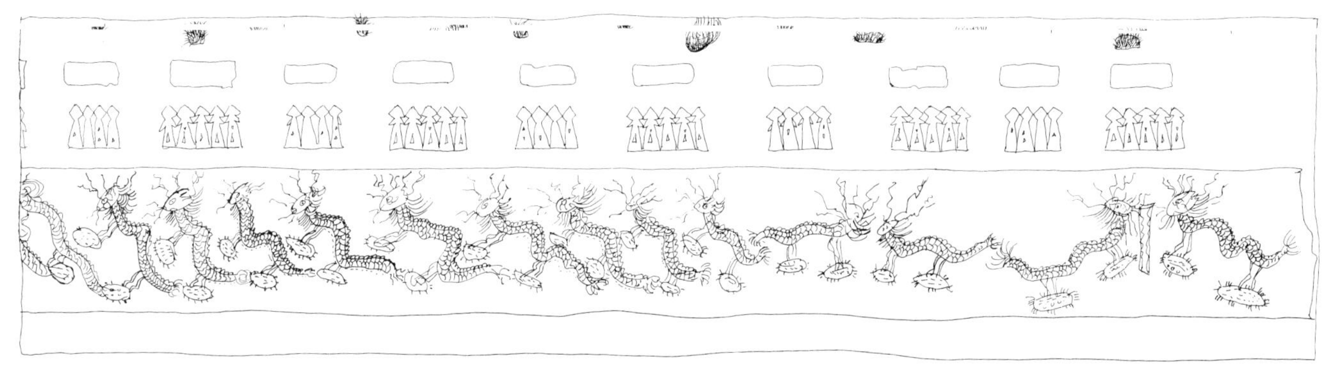

布贴翁衮

清
布
长120厘米　宽23厘米
原件藏于内蒙古博物馆

布贴翁衮

清
布
长33.6厘米　宽31.2厘米
原件藏于内蒙古博物馆

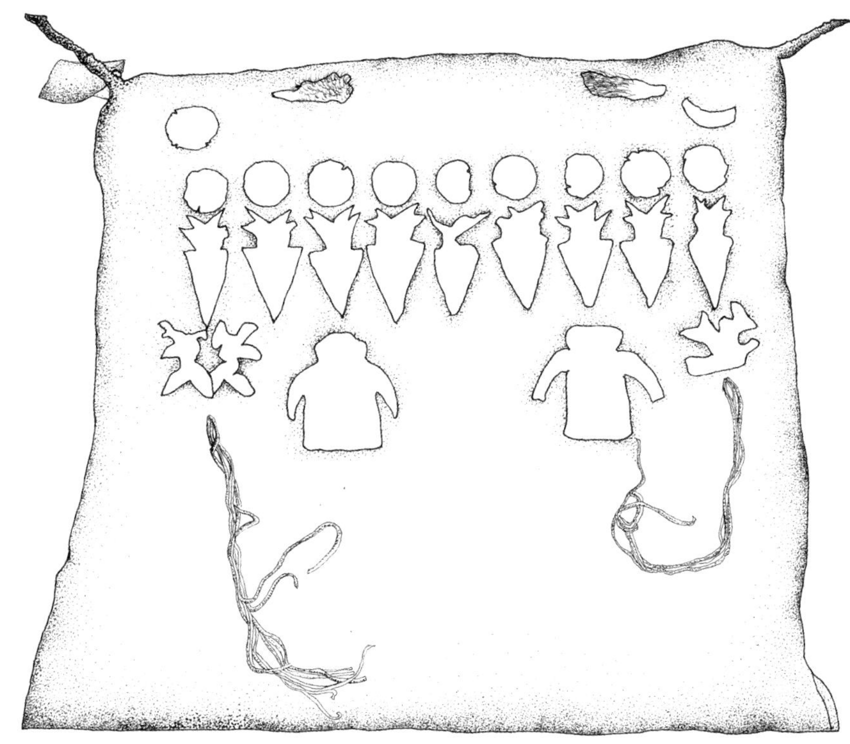

布贴翁衮

清
布
长32厘米　宽28厘米
原件藏于内蒙古博物馆

布贴翁衮

清
布
长34.6厘米　宽36厘米
原件藏于内蒙古博物馆

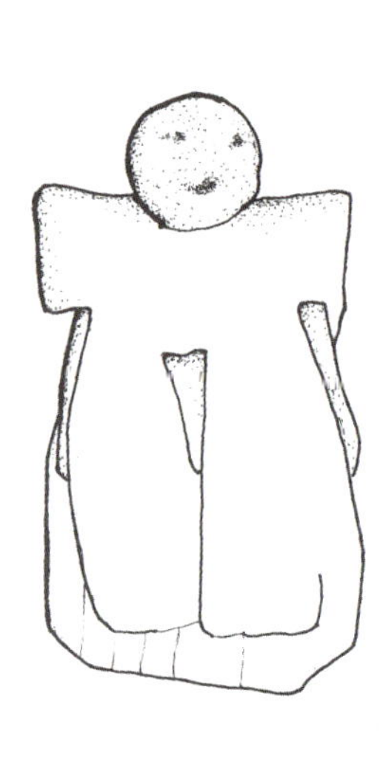

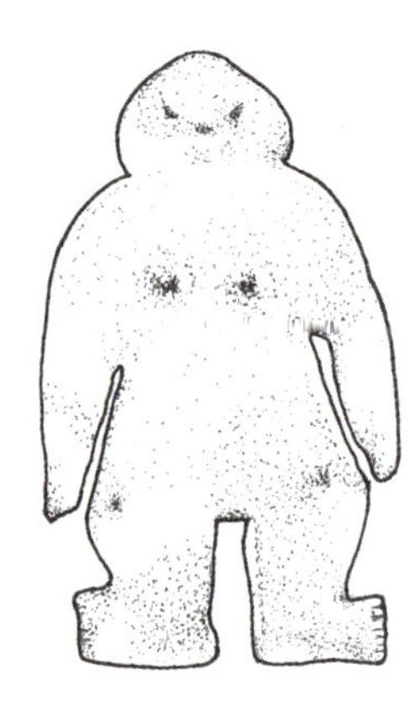

铁制翁衮一组

清
铁
高7厘米　4.8厘米　5.6厘米
原件藏于内蒙古博物馆

青铜翁衮

清
铜
高5.9厘米　6.1厘米　6.4厘米
内蒙古博物馆藏

青铜翁衮

清

铜

高6.1厘米　6.5厘米　7.5厘米

内蒙古博物馆藏

五 祭祀

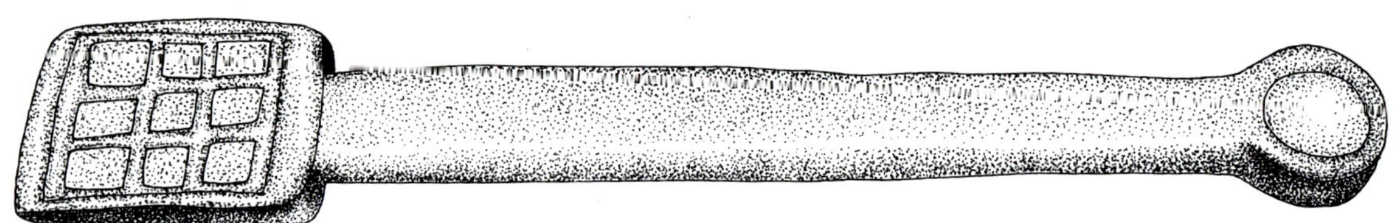

九孔祭祀扬奶器

清
木
长 29.5 厘米　宽 4.9 厘米
原件藏于内蒙古博物馆

九马柄九孔祭祀扬奶器

清
木
长 50 厘米　宽 9 厘米
原件藏于内蒙古博物馆

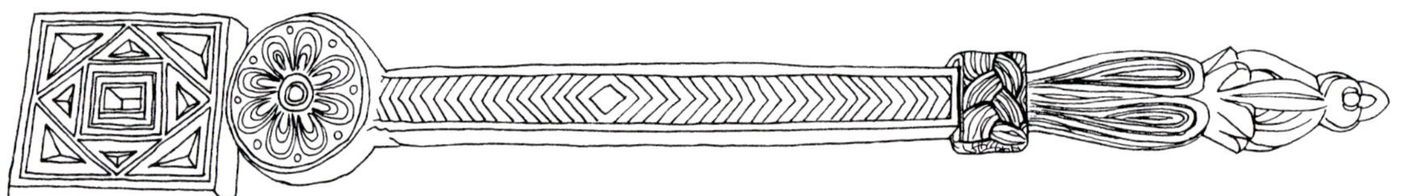

杵柄九孔祭祀扬奶器

近代
木
长 46 厘米　宽 6.6 厘米
原件藏于内蒙古博物馆

八宝动物纹祭祀扬奶器

盘肠纹九孔祭祀扬奶器

二十一孔祭祀扬奶器

近代
木
长35厘米　宽5厘米
原件藏于内蒙古博物馆

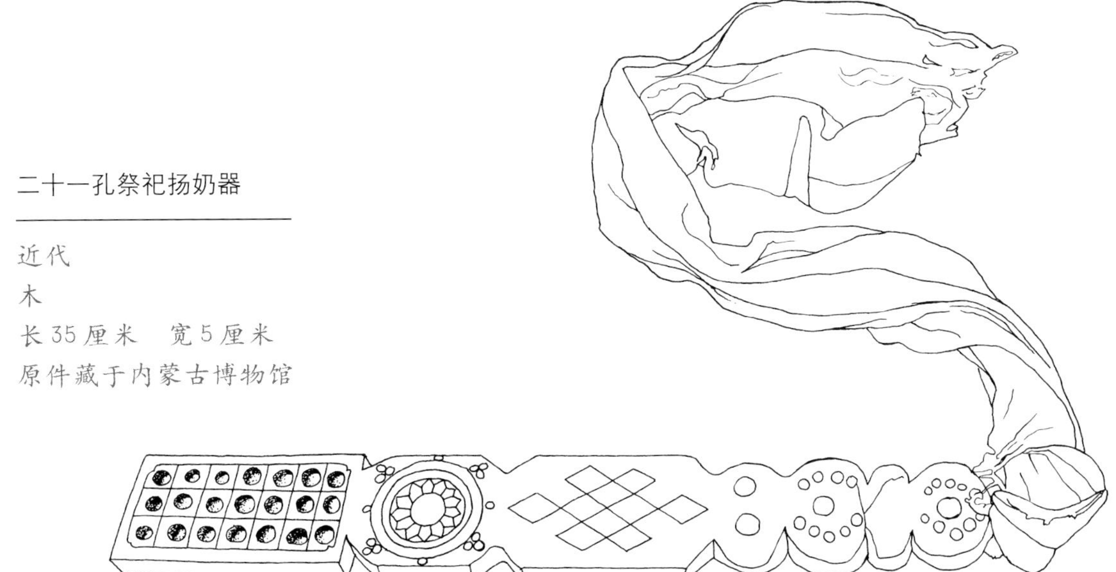

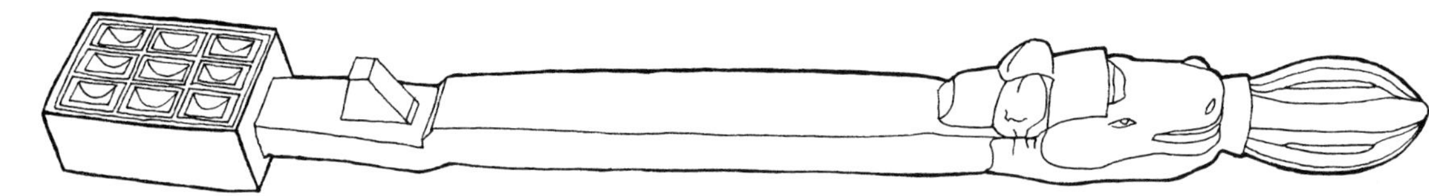

马首杵柄九孔祭祀扬奶器

近代
木
长 46.5 厘米　宽 5.2 厘米
原件藏于内蒙古博物馆

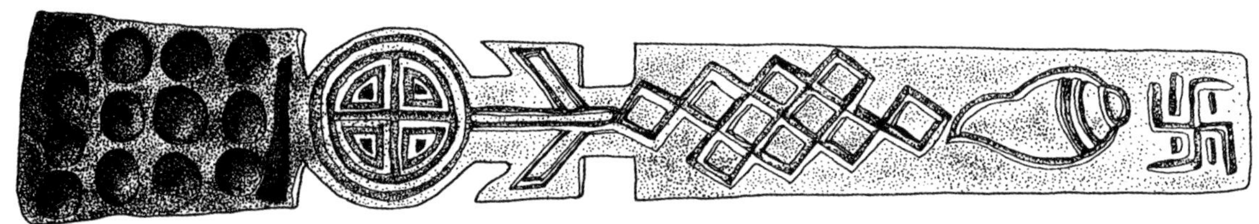

吉祥纹十三孔祭祀扬奶器

八十一孔祭祀扬奶器

清
木
长 37.7 厘米　宽 8.4 厘米
原件藏于内蒙古博物馆

祭天扬奶器一组

内蒙古博物馆藏

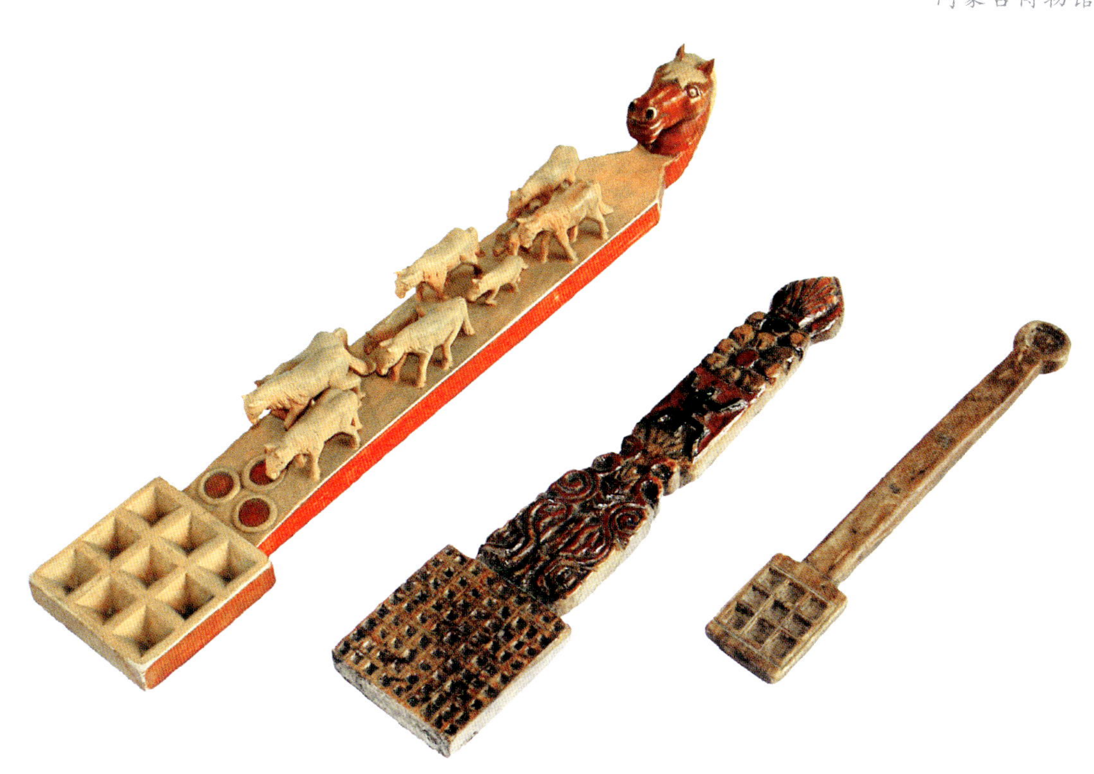

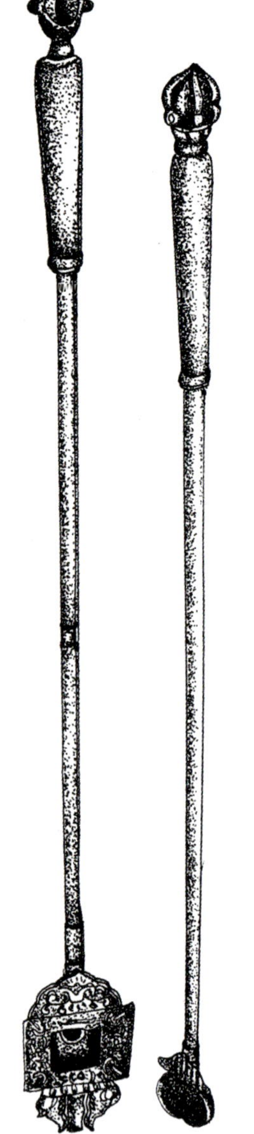

鋬龙首杵纹祭祀扬奶器

清
铜
左长89厘米　宽8.8厘米
右长74.5厘米　宽5.3厘米
内蒙古博物馆藏

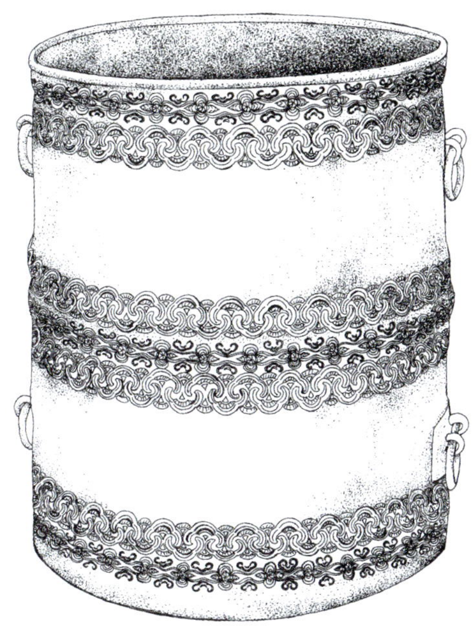

錾如意花卉纹银箍祭祀铜奶桶

清
铜
高 44 厘米　口径 34.5 厘米　底径 38 厘米
内蒙古博物馆藏

錾八宝纹银箍祭祀铜奶桶

清
铜
高 34 厘米　口径 32.5 厘米
原件藏于内蒙古大学民族博物馆

牧人对腾格里天神无限敬仰

成吉思汗陵供奉的银奶筒

向各路神灵祭洒鲜奶

清代马背上祭洒鲜奶的牧人

祭洒鲜奶的妇人

祭祀活动中的"跑奔子"

准备祭洒鲜奶的老妇人

成陵祭奠吟颂祝词

六　草原上的敖包

“敖包”是蒙古语专用名词，有时还译作“鄂博”、“脑包”等等，指堆积起来的石头而言，有“堆子”、“石堆”或“鼓包”之意。

在蒙古草原上我们看到很多敖包，但每个敖包都有其不同的性质和作用，大致可以分为英雄敖包、贵族敖包、女性敖包、儿童敖包、动物敖包、建制敖包、分界敖包、路标敖包等。蒙古民族视为神供奉的敖包，是一种用石块、泥土、木材等堆砌而成的建筑，通常建在山顶、隘口、湖畔、路旁、滩中等显眼的地方。

蒙古草原各地的敖包虽然形制不同、规模各异，但其形状大致可分为堆形、塔

蒙古草原上的敖包

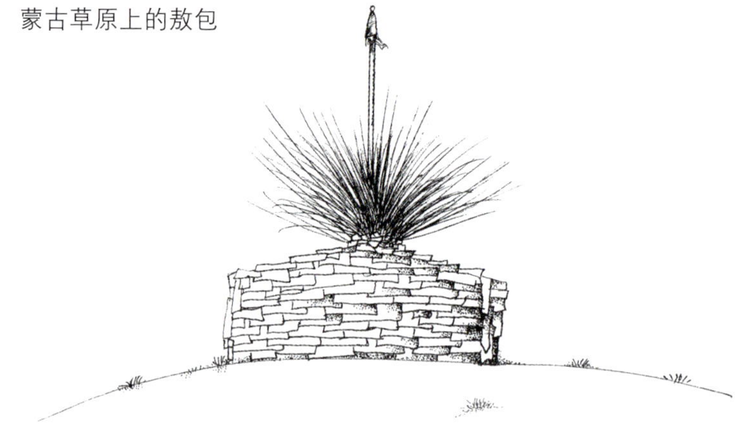

形、方形。过去，通常在各蒙旗都有全社会公祭的大敖包，象征地方神和祖先神。此外还有以群落形态出现的敖包，其中有三个一组的敖包群落，中间一个大的，两侧各一个小的。三个敖包分别代表天、地、人加以供奉。也有七个敖包为一组的群落，一行排开，中间一大敖包，两侧各三个小敖包，七个敖包代表上七曜或日、月、金、木、水、火、土，也称七星。还有以十三个敖包为一组的群落，一行排列或一大敖包为中心，成“十”字形排开。据喇嘛解释，十三敖包中最大的一座象征佛教的须弥山，其余十二个敖包代表有人居住的陆地。

敖包是蒙古民族共同的崇拜神物，往往在人畜发生传染病或天气干旱少雨的时候，人们便自发的举行祭祀敖包活动，借助敖包的力量解除灾难。

蒙古草原上三个敖包群组

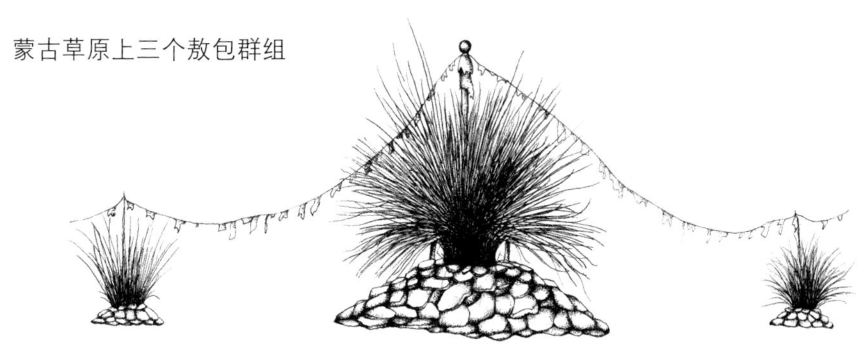

蒙古草原上七个敖包群组

呈一字形排列的十三个敖包群组

清代蒙古草原上的敖包

呈"十"字形十三个敖包群组

七　萨满作法以及法器

在阴山岩画中巫师的作品不在少数。在原始的巫术仪式中，巫师通常装扮为神性的外观，前面置有供神的祭坛，旁边配备象征神的魔力的法器。作为通神者即属于有特权的人，他们借助神性张扬自身而享有对部落的支配权，有时巫师就是首领。

巫师岩画

发现于内蒙古自治区临河市磴口县阿贵沟一带

萨满作法图

清代萨满作法图

萨满作法创意图

三尖状铁法器

蒙古汗国
铁
通长105.5厘米　宽25厘米
内蒙古博物馆藏

呈长铲形，前端为三齿状，柄首为如意云纹圈，上穿八铁环。是蒙古萨满作法时手持的法器，也是迄今为止内蒙古地区出现的较早的蒙古萨满使用的法器。

萨满神鼓又称抓鼓、手鼓。多用二寸余宽的薄木烘烤弯制成圆形或椭圆形框，其上以鹿、狼、马、羊、牛等兽皮蒙为单面鼓。有的鼓面上还会有氏族供奉的崇拜物图案，如龟、蛇、蛙，或是主祭神灵的画像。鼓背中心固定一金属环或十字形铁条为抓手，鼓框和背面穿挂有一些铜铃或钱串等响物。清代科尔沁蒙古萨满多用一种单面团扇形手鼓，又称“单鼓”。鼓框由铁圈制成手柄，柄端系穿有铁环等响物。

鼓槌多以鹿、狍等兽腿，或以木、竹等制成。柄端缀各色绸布条，象征太阳的七彩神光。

神鼓作为萨满重要的法器，有鼓才具有跳神的条件，才能请来神灵。它还可以使萨满克敌制胜。降妖除魔，恶魔厉鬼闻其鼓声，即逃遁离去。

圆形蒙皮神鼓、鼓槌

清

皮

直径62.5厘米　厚7厘米　鼓槌长51厘米

内蒙古博物馆藏

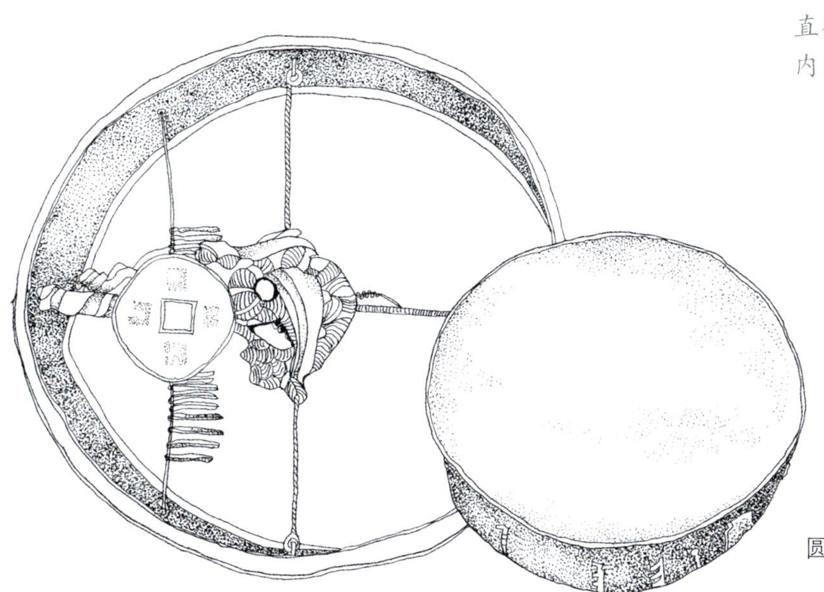

圆形蒙皮神鼓

萨满手鼓

清
皮、铁
通高68厘米　鼓面直径33厘米
内蒙古大学民族博物馆藏

持鼓萨满作法图

椭圆萨满手鼓

近代
皮、铁
通长55.5厘米　鼓面长33.4厘米
宽27.5厘米
原件藏于内蒙古自治区通辽博物馆

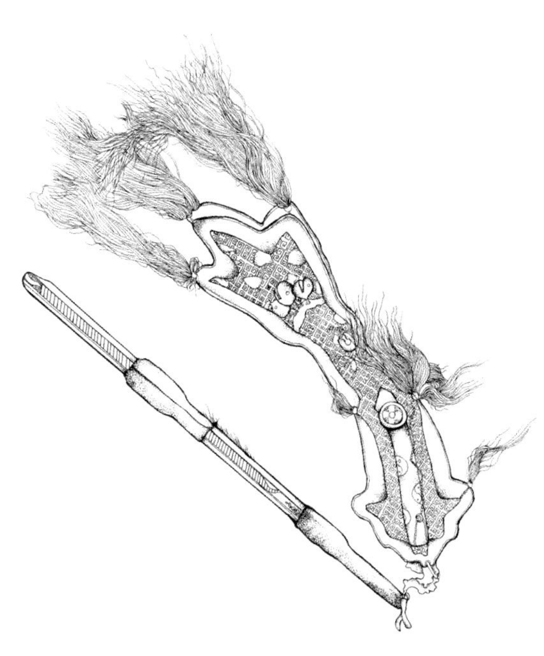

彩绘神鼓、鼓槌

清
皮
直径64厘米　厚9.1厘米　鼓槌长51.5厘米
原件藏于内蒙古博物馆

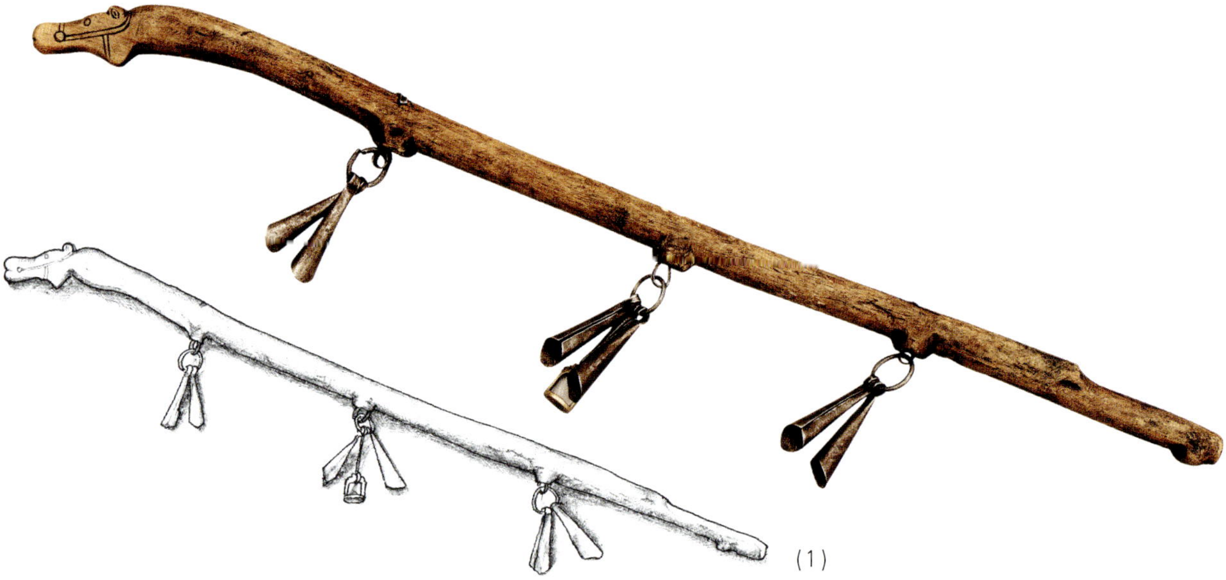

(1)

(2)

木制马首神鞭

清
木
(1) 长 80 厘米　(2) 长 82 厘米
内蒙古博物馆藏

鞭身以独根柳木制作，首端刻一马首。鞭杆中部镶有三个铁环，每个铁环上穿挂两个喇叭状铁质长铃，中间穿环除响铃外，还另穿有一个小铜马镫。此鞭为萨满教祭祀活动中常用的具有神秘力量的重要法器，是祭祀中萨满通神的必要媒介，也是萨满的神骑，可带萨满遨游于广阔的宇宙之中。新萨满在修炼萨满术时，老萨满也要用此鞭帮他们过“九道关”。

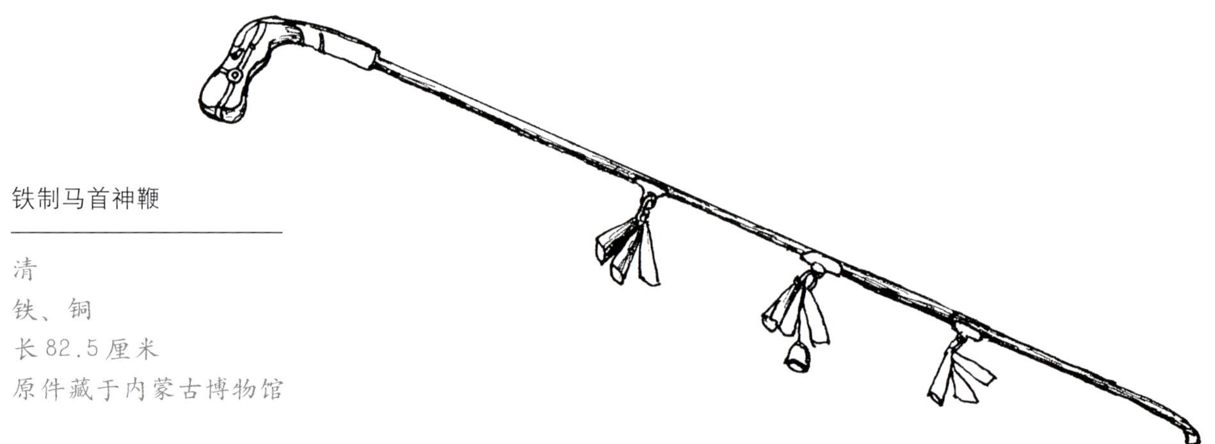

铁制马首神鞭

清
铁、铜
长 82.5 厘米
原件藏于内蒙古博物馆

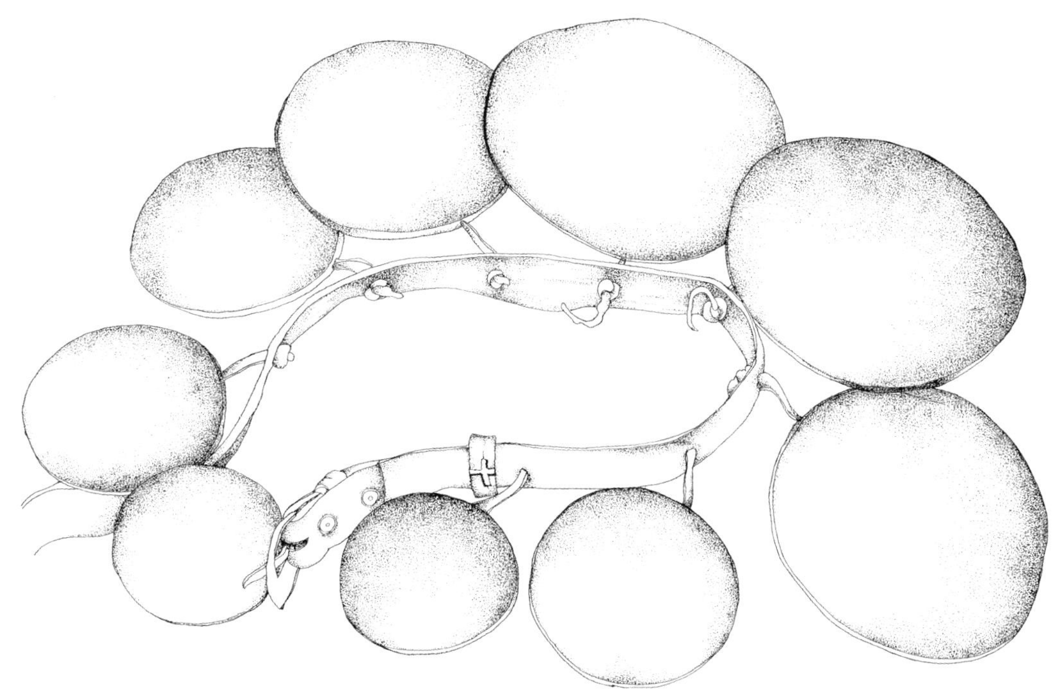

萨满跳神铜镜

铜镜

清
铜
直径19厘米
原件藏于内蒙古博物馆

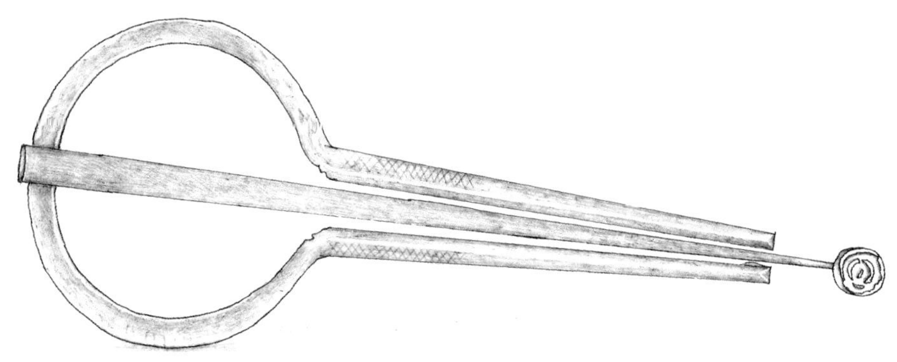

口弦琴

清
铁
长12厘米　宽4.5厘米
原件藏于内蒙古博物馆

口弦蒙古语为木库莲，最初由吹植物叶发展而来。铁制琴身，由琴鞘和簧片两部分组成。琴鞘架是由铁条打制弯曲成的圆柄锥形，鞘柄尾端正中有一小槽，槽内嵌有一条钢制簧片，横于琴鞘中间。

口弦琴的使用范围非常广泛，它不仅在我国南方各少数民族中使用，亦流传于蒙古、达斡尔、鄂伦春、鄂温克、满族等北方少数民族中，一般男女老幼都以此为乐。萨满作法时也以此种乐器作为法器使用。清代还将此器列入宫廷乐队之中。故宫博物院所藏《塞宴四事图》，就有演奏口弦的乐工。

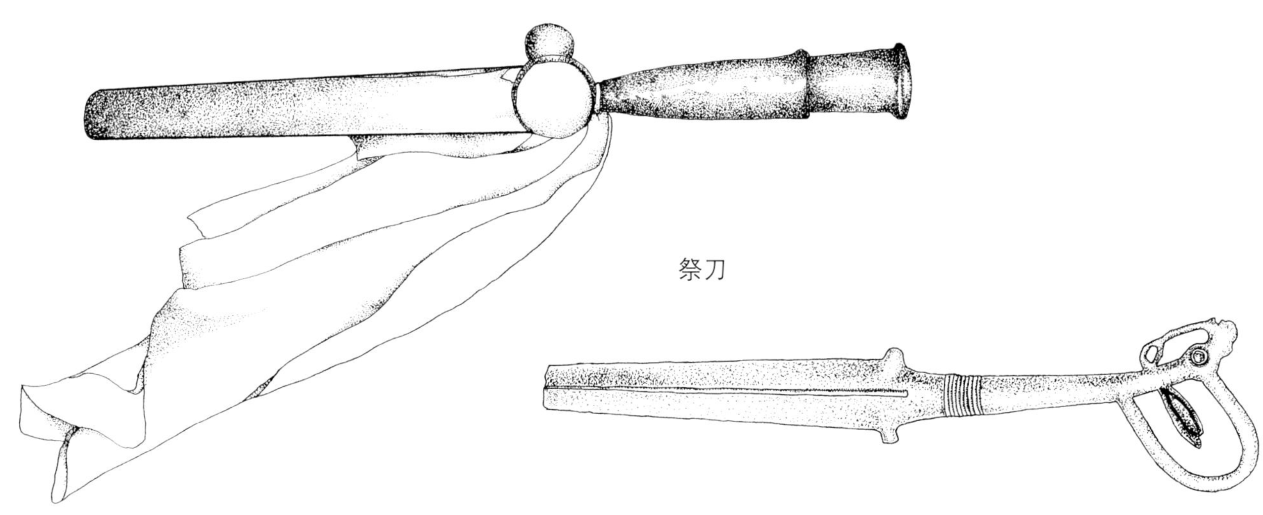

祭刀

萨满占卜骨

腰铃

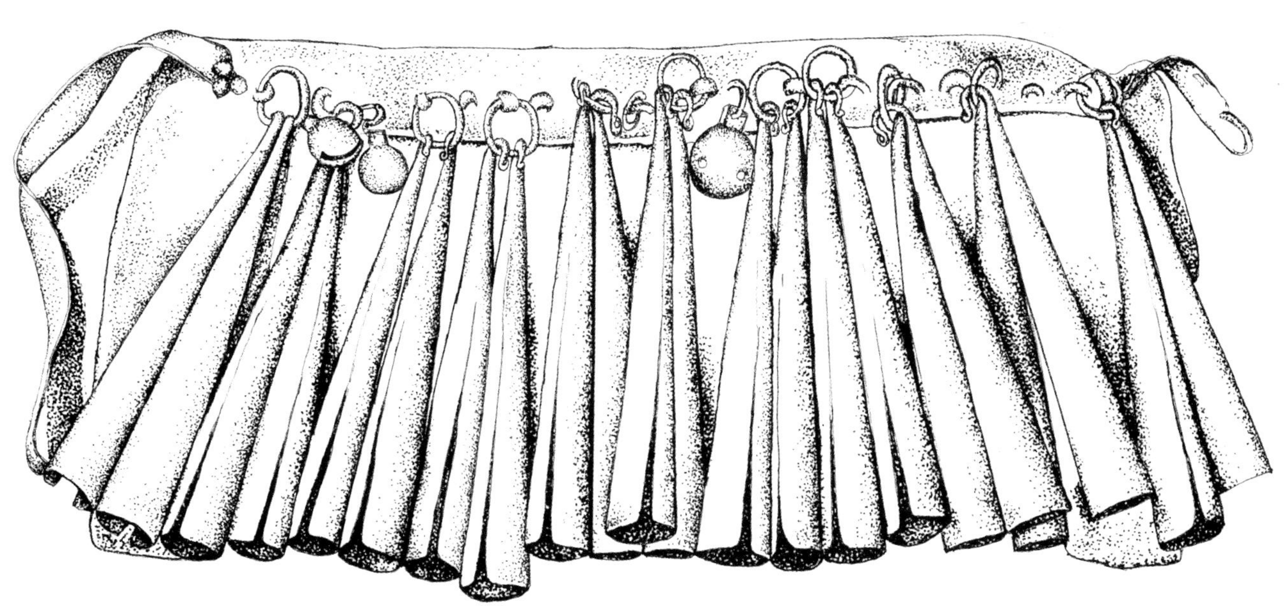

鸟羽式萨满服

蒙元～清
铜、铁、绸缎、布
衣长65厘米　两袖宽177厘米
内蒙古博物馆藏

皮缝制的对襟短上衣，无领，两肩及袖口、腋下、底襟缝缀各色绸缎、布质飘带一百余条。飘带上绣日、月、鹿和兵器等图案。并缀有小铜铃，底端连有丝穗，展开后似大鹏翅膀的形状。这些五颜六色的飘带，象征萨满神灵的羽毛，身着此服就能飞上天界。神衣胸、背及肩部缀大小铜镜20面，这些铜镜的制作时代为金、元、清时期。萨满作法时，穿此厚重的神衣狂放而又节奏地旋转，飘带飞扬，身上的铜镜、响铃、垂挂的各种小兵器等物丁当作响，宛如展翅飞天的大鹏，极有气势。

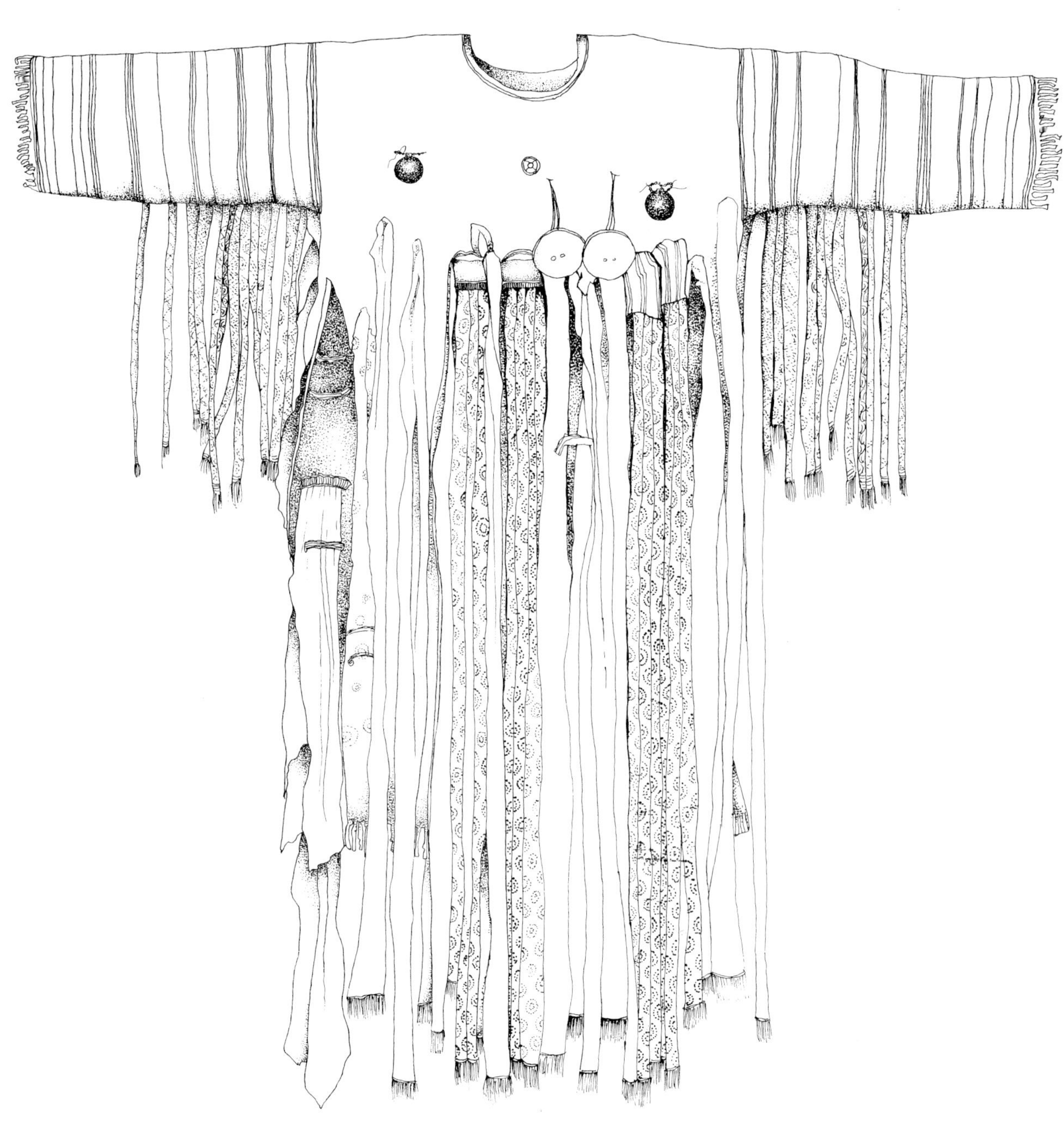

彩条式萨满服

印金萨满神衣

清
缎
身长138厘米　两袖宽168厘米　下摆92厘米
原件藏于内蒙古博物馆

圆领，右衽大襟，宽平窄袖，衣面为深蓝缎地，上绘宗教图案。前胸主体图案为背弓挂箭的骑马男女。女子骑一匹白马，左手捧宝瓶，右手上举宝杵；男子红脸，骑红鬃蓝马，头戴冠帽，左手捧宝瓶，右手举三角旗。主体图案之上为山水日月纹，之下为一正蟒双爪托起火珠，周围绘锯、斧、凿、弓、蛇、蝎、蜈蚣等，两侧分别绘狮虎纹。后背中部主体图案绘一形象生动的金翅鸟，立于山上，口衔一蛇，两前爪握着蛇的两端，周围绘龟、蛇、蟾蜍、锯、斧、凿、神兽等图案。前右底襟绘海水江涯、火球、日、月、鱼、钱、海螺等杂宝纹。此萨满神衣融合萨满教、喇嘛教、道教等图案为一体，说明在同一地区，几种宗教文化相互融合、渗透之结果。

前

局部

后

局部

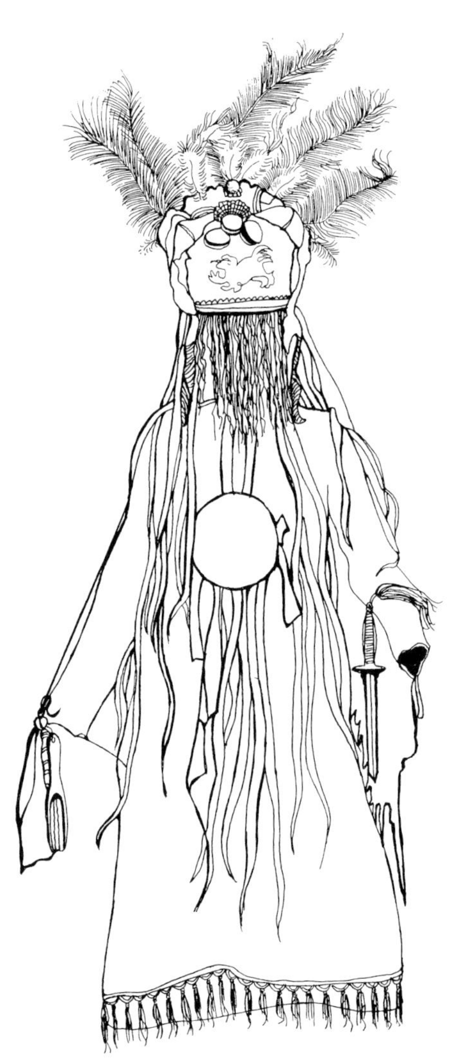

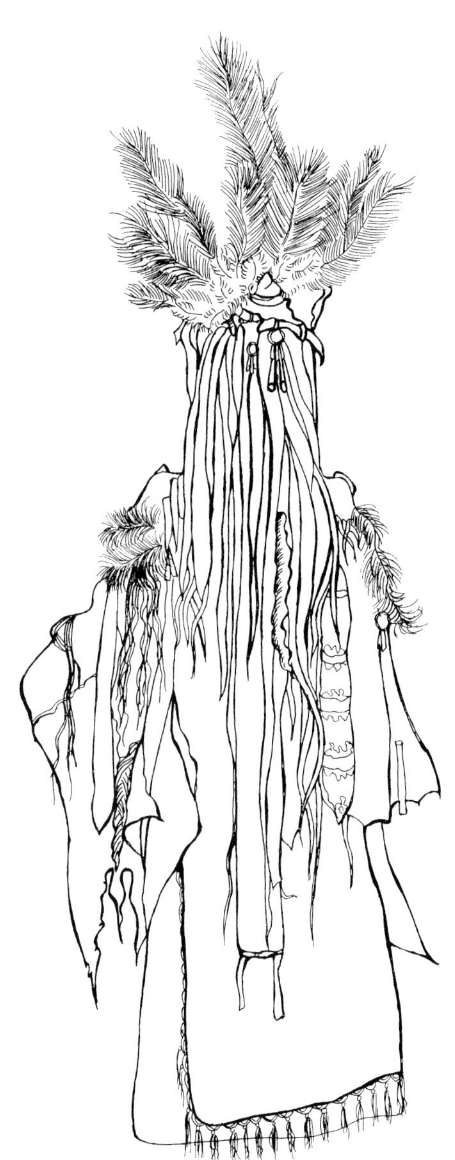

袍式萨满服

萨满服

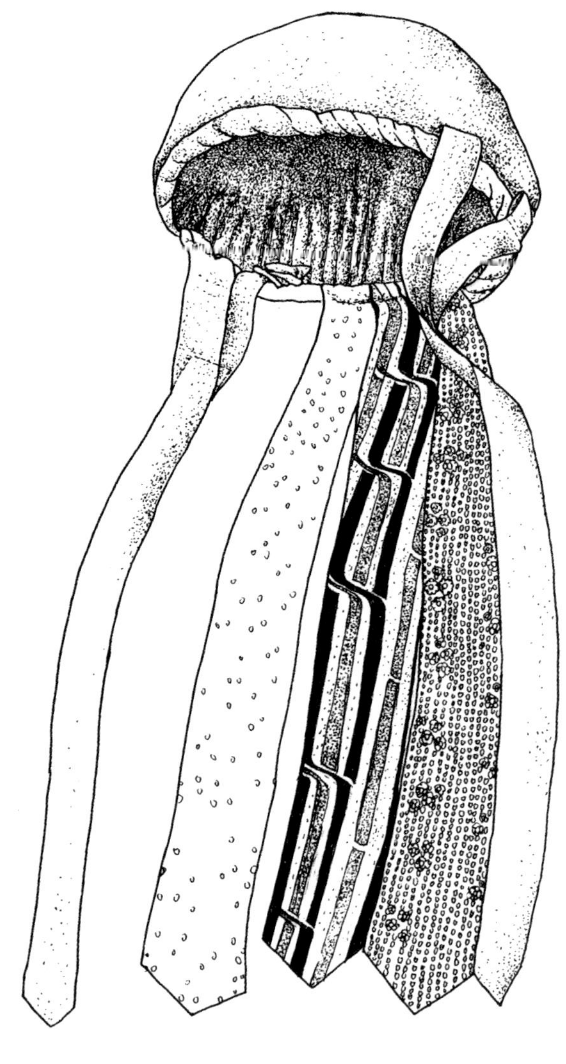

萨满神冠及帽套

清
铜、毡
通高25厘米　帽径18.5厘米
原件藏于内蒙古通辽博物馆

此为科尔沁蒙古萨满巫师作法时作戴。冠顶正面立5个莲瓣形冠饰，正中冠饰上錾刻头戴尖顶帽，双手合十的半身神像；两侧冠饰上分别錾刻双鱼和双鸟纹；外侧冠饰上錾刻鸟栖树纹。冠顶正中十字形冠架及两侧边立有3棵铜制“神树”，其上各有4片树叶和3个小铜铃，每棵树顶立一神鸟。两侧神树上垂挂着五彩飘带。其铃声象征鸟鸣，五彩绸象征彩虹。树、鸟、彩虹则为大自然众神的象征。神冠正中莲瓣及其上的神像，反映了藏传佛教的传入对萨满教的影响。
萨满帽套：为萨满神冠内的衬帽，其由羊毛毡制作，黑布面。帽前檐的黑丝线缨穗垂至眉下，蒙古语称“哈拉哈布其”，据推断可能是萨满巫师模仿女巫的一种做法，从中反映出萨满教由母系氏族社会向父系氏族社会过渡中的原始遗风。

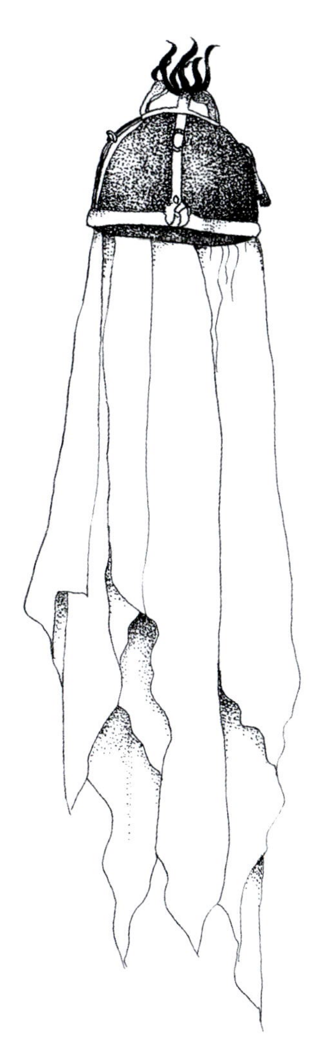

萨满神冠

清
铁
高21厘米　直径20厘米
内蒙古博物馆藏

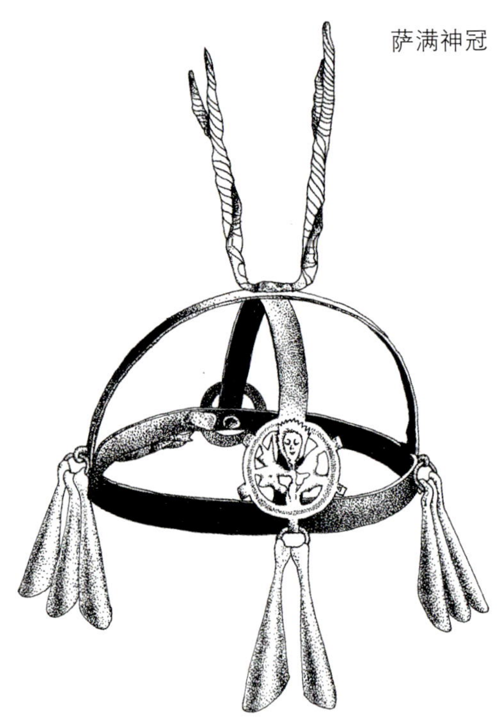
萨满神冠

萨满面具

清
铜
高22.3厘米　宽21厘米
内蒙古博物馆藏

面具为铜皮锤制成的人面形象。其双目圆睁，半开口，呈愤怒状，前额正中另生一眼，两道立眉和胡须及额发为熊毛粘制，眼仁及口部为镂空，面具背面双耳及上部有皮带，以便佩戴时系用。此面具平时为供奉之神像，除作法时此神附体于萨满时佩戴外，一般作法均不佩戴。

萨满法裙

清
绸缎
长89厘米　腰围121厘米
原件藏于内蒙古大学民族博物馆

萨满法裙为萨满作法时所穿佩戴的法服之一，是北方民族原始崇拜与审美意识的集中体现。其早期形式大致以皮革为主，后逐渐变化为绸、缎、布制。元以来常见的形式有“花围裙”，即蛇神服，是用五彩布缝缀而成的衣饰，有原始崇拜的痕迹。近代萨满法裙为“达拉巴其”，是蒙古萨满法服中最具特色的部分。无论男、女萨满或不同的流派，法裙都是他们必备之物。

萨满法裙

蒙古女萨满绣花鞋

清
绸缎、布
底长22厘米　高7厘米
原件藏于内蒙古博物馆

贰 喇嘛教与蒙古人

佛教在吐蕃流传过程中逐渐衍化，形成了独具特色的藏传佛教，俗称喇嘛教。13世纪初，成吉思汗统一了蒙古各部，建立起蒙古汗国。1206年，蒙古进军西夏，当时在西夏宫廷中有不少吐蕃僧侣。他们促成了藏传佛教与蒙古人最初的接触。成吉思汗去世后，窝阔台派其次子库腾汗也就是阔端王，驻守河西走廊，并开始经营吐蕃地区。之后，阔端邀请萨迦派教主萨迦班智达前去凉州会面。这次会面确定了蒙古对吐蕃的统治，也初步奠定了萨迦派在吐蕃的领袖地位。几年后，萨迦班智达去世后，八思巴继任萨迦派教主，元世祖忽必烈即位后，长期追随他的萨迦派跃居藏传佛教各派之首。

15世纪起，藏传佛教内部发生了巨大变化，一个新的教派迅速崛起，这个新的教派为格鲁派，又称黄教。16世纪中叶，统一东部蒙古的俺达汗，积极向青海扩张势力，1571年俺达汗在阿兴喇嘛的建议下，向藏传佛教格鲁派领袖索南嘉措发出了邀请。1578年，俺达汗与格鲁派领袖索南嘉措在青海湖畔的仰华寺会面。俺达汗和三娘子为索南嘉措举行盛况空前的欢迎仪式及大型法会。这是一次具有重要历史意义的事件，格鲁派从此在蒙古地区广泛传播开来。此后，格鲁派上层僧侣便将索南嘉措指定为第三世达赖喇嘛，追认宗喀巴之小弟子根敦朱巴为第一世达赖，哲蚌寺主持根敦嘉措为第二世达赖。至此，确立了达赖喇嘛活佛转世系统。

格鲁派传入之初，主要在漠南右翼蒙古土默特部和鄂尔多斯部中流行。17世纪初，蒙古各部都在积极与藏传佛教高僧接触。首先左翼察哈尔部首领林丹汗信奉格鲁派，后因政治需要改奉其他教派，但格鲁派在蒙古左翼各部已深入人心。其次，漠北喀尔喀蒙古在其首领阿巴岱的倡导下，成了格鲁派的信徒。此外，厄鲁特蒙古和硕特部首领拜巴噶斯遣使到西藏，请求格鲁派高僧前来传教。在拜巴噶斯的影响下，厄鲁特四部皈依藏传佛教格鲁派。

17世纪初，西藏各教派斗争激烈，格鲁派处境艰难，蒙古各部先后参与了西藏教派的斗争。17世纪30年代，格鲁派向厄鲁特蒙古求助，厄鲁特蒙古和硕特部首领顾实汗率军进入青藏，击败格鲁派敌对势力，格鲁派的地位才真正得到巩固，顾实汗成为格鲁派的保护人。他还拜四世、五世达赖喇嘛的老师罗桑确吉坚赞为师，并赠以“班禅博克多”称号，从此，确立了班禅活佛转世系统。藏传佛教达赖、班禅的名称来自蒙古各部首领的赠予，充分表明藏传佛教格鲁派与蒙古的特殊关系。

清代，藏传佛教格鲁派成为全体蒙古人信奉的宗教教派。蒙古族的一些喇嘛活佛不仅成了宗教活动家而且也成了政治家。如喀尔喀的哲布尊丹巴，他不仅具有政治特权，同时也是具有政治影响力的喇嘛僧侣。哲布尊丹巴一世在北京圆寂，雍正皇帝亲临祭奠。因此，过去在蒙古社会里，喇嘛活佛是至高无上的僧侣，是宗教权威。在当时的蒙古人中，转世喇嘛即呼毕勒罕（活佛）是最高层特殊人物。清乾隆中叶，内外蒙古活佛达88人，驻京活佛13人。

清政府为了更好地维护其统治，在蒙古地区建立了前所未有的宗教政治结合的地方政权——喇嘛旗，他们先后建立有七个喇嘛旗。喇嘛旗实行政教合一制。札萨克喇嘛为一旗之长，由清廷任免，内蒙古的锡呼图库伦札萨克喇嘛旗就是内蒙古唯一的喇嘛旗。

一　政教合一体制下的宗教政策

印文

喇果呼图克图狮钮印

清

铜

通高12.5厘米　印边长9厘米

内蒙古博物馆藏

狮钮，铜印上阳刻蒙、汉、藏三种文字，为“黄教裕兴办宝贝禅师喇果呼图克图之印”。呼图克图是蒙古地区对活佛的称呼，它是仅次于达赖喇嘛和班禅喇嘛的大活佛称号。清朝政府为推崇喇嘛教，将各寺庙喇嘛教封赏名号、敕印。还规定了驻京八大呼图克图制度，喇果呼图克图为其中之一。此印为清政府颁发给禅师喇果呼图克图的印信。

镶鎏金卷草吉祥纹嵌宝呼图克图铜印盒

清

铜

高31厘米　边长24厘米

内蒙古博物馆藏

顶部

镶吉祥纹金饰银印盒

活佛印

清
铜
通高 7.5 厘米　印边长 6.1 厘米
原件藏于内蒙古博物馆

活佛印

清
铜
通高 6.8 厘米　印边长 6 厘米
原件藏于内蒙古博物馆

锡勒图库伦扎萨克达喇嘛印

清
铜
通高 9.9 厘米　印边长 6.9 厘米
印厚 1.9 厘米
内蒙古通辽博物馆藏

“锡勒图库伦”是清朝在蒙古地区所建置的七个政教合一的行政地区之一，也是内蒙古地区唯一的一个喇嘛旗。喇嘛旗的地位与行政权利同札萨克旗平等。其最高长官是“札萨克达喇嘛”。“札萨克达喇嘛”是由达赖喇嘛或清政府委派。自十七世纪初锡勒图库伦建立到二十世纪中叶的三百年间，清廷共委任了二十三任札萨克达剌嘛，此印为 1676 年（康熙十五年），清政府颁于锡勒图库伦札萨克喇嘛之印。

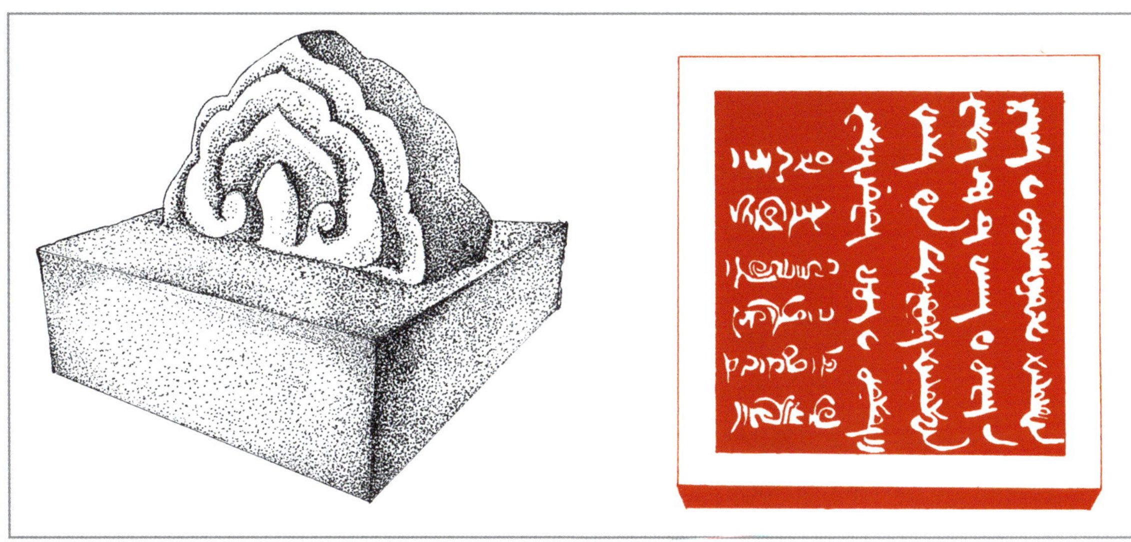

述法甘珠拉扒谟尔根那门汗之印

清
铜
通高 6.3 厘米　印边长 7.7 厘米
原件藏于内蒙古博物馆

班禅办事处公告

民国
纸
长 112 厘米　宽 77 厘米
内蒙古博物馆藏

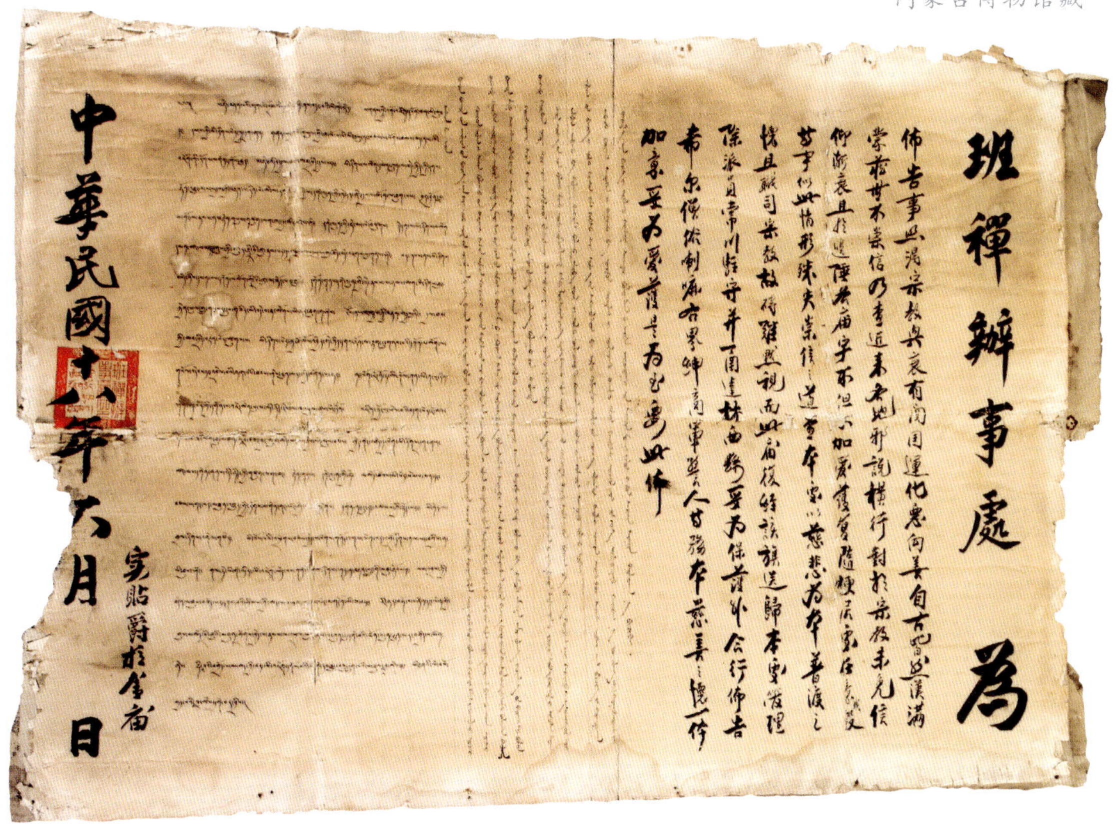

班禪辦事處 為

佈告事照得宗教興衰有關國運化愚向善自古皆然漢滿
蒙藏莫不崇信乃者近來各地邪說橫行對於宗教未免信
仰衰且於是陵各廟宇不但不加愛護且隨便[illegible]
其事似此情形殊失崇信之道查本處以慈悲為本普渡之
懷且職司宗教故特難然視而此廟復特該旗送歸本處管理
除派員常川駐守并商達林西縣妥為保護外合行佈告
希爾僧俗軍民各界紳商軍警人等務本慈善之懷一体
加意妥為愛護是為至要此佈

中華民國十八年六月　日
實貼縣於各廟

二　喇嘛教经典

大藏经是佛教典籍的丛书，又称一切经、藏经和三藏经，是佛教经典经、律、论三大部分的总汇。

相传，大藏经的编纂工作是在释迦牟尼逝世后不久开始的。当时，其弟子们为了保存他的说教，统一信徒们的见解和认识，通过会议形成结集编纂的。后来又增加了一些印度、西藏等地的高僧们对经、律、论的阐述和发挥以及注解的著述，成为章卷浩繁的四大部类。现存大藏经有：汉文、蒙古文、满文、西夏文、巴利语、傣文和日文等。

大藏经分《甘珠尔》、《丹珠尔》两大类。《甘珠尔》称佛部，是正藏，收入经、律和密咒三个部分；《丹珠尔》称祖部，是续藏，收入赞颂、经译、咒译三个部分。在藏经中，还有一大批著述，称为“松本”，收入藏、蒙喇嘛教僧人的著述，也叫做杂藏。有时把“松本”也包括在大藏经中。其实，大藏经是指《甘珠尔》、《丹珠尔》两部分的汇集。

甘珠尔经

清

纸、木

高20厘米　长50厘米　宽25厘米

内蒙古自治区赤峰博物馆藏

此系藏文《甘珠尔经》。经卷由散页层叠组成，上下加木板护封，外以黄绸包裹。护封内面为金粉书写于黑色写经纸上的经卷首页，两端各绘一长寿佛彩画，其上饰二龙戏珠纹织锦缎护帘。甘珠尔经为藏文大藏经的主要组成部分，内容涉及天文、地理、医学等方面。

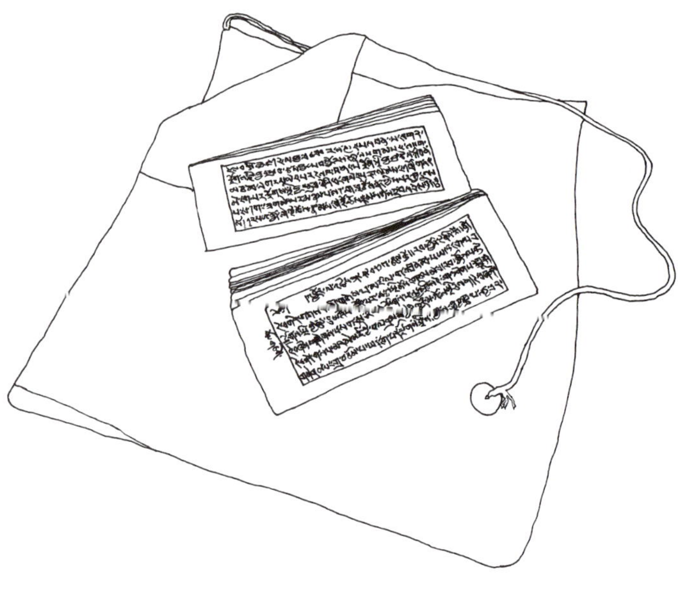

藏文描金金刚经

清
纸
长21.8厘米　宽8.3厘米
内蒙古博物馆藏

藏蒙文经卷

清
纸、木
长63.3厘米　宽12.5厘米
内蒙古大学民族博物馆藏

蒙文经卷

蒙文经卷

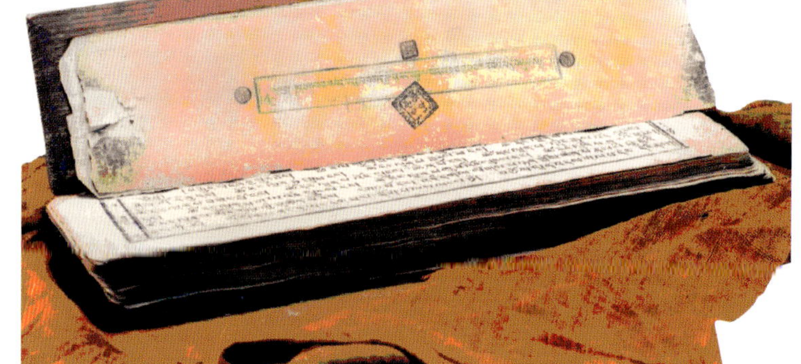

藏文经卷

藏文经卷

清

纸、木

长62厘米　宽19厘米

内蒙古博物馆藏

白伞菩萨坛城神咒木雕板

清
木
长66.5厘米　宽66.5厘米　厚3厘米
内蒙古博物馆藏

此为大藏经供奉咒轮图。大藏经中咒经类占据了很大分量。在喇嘛教宗派瑜伽部中，特别是密教，十分重视密咒，它是达到“道果”的最高尚的内容。如果把此咒印在纸上，随时随地佩戴于自己的身边，便能免除灾祸。

印经板

清
木
长17.3厘米　宽16.8厘米　厚1.5厘米
内蒙古博物馆藏

十字交杵纹印经板

清
木
长13.3厘米　宽13.4厘米　厚1.4厘米
内蒙古博物馆藏

长方形藏文印经板

清
木
长51厘米 宽7.2厘米
内蒙古博物馆藏

长方形蒙文印经板

清代喇嘛印经图

百眼窑壁画宣教图

元

泥土

绘于鄂尔多斯市鄂托克旗阿尔巴斯苏木百眼窑石窟

清代草原上念经的喇嘛

寺庙宗教活动诵经的喇嘛

祭祀敖包诵经的喇嘛

诵经

三 查玛面具与服饰

查玛面具造型非常奇特，它基本依据藏传佛教以威严震慑邪恶的主张，将大多数面具都塑造为狞厉、威猛的形象，使其具有更大的震慑力和更强烈的艺术感染力。查玛面具的运用，不仅加强了它古朴的特色和宗教舞蹈的神秘感，而且通过富于特色的面具造型形象充分体现了对藏传佛教精神的不同理解。在长期使用中，还形成的不同色彩表现特定性格了表现方法。如：以红色象征温和，黄色象征广博，绿色象征权力，白色象征威严等。

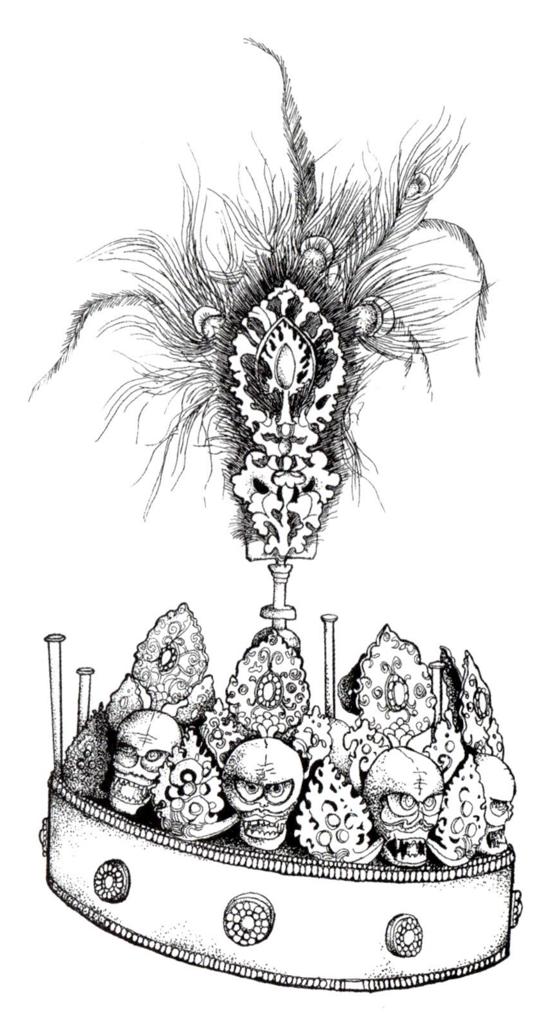

银镶宝天王冠

此冠为乃穷神作法降神时所戴，乃穷为藏传佛教中具有领袖地位的护法神，曾作过历辈达喇嘛和西藏地方政府的首席巫师。他降神时讲出的神谕，具有不容抗拒的权威性，因此在西藏诸护法神中地位显赫。在喇嘛教中较大的有影响的召庙均设乃穷庙，专门供奉此神。每当寺庙中有重大佛事活动时，一定要请乃穷神显灵。请乃穷，俗称顶神冠，蒙古语称为“沙靠斯”。乃穷神作法时头顶神冠，身着法服，先到正殿佛祖前顶礼膜拜，然后顶神冠。

银镶宝天王冠

清
银、宝石
通高50.5厘米　直径33厘米
内蒙古博物馆藏

五佛代表五智，又称为五智如来，这是西藏密宗的义理之一。这种理论认为，修行者仅仅依靠念诵真言（咒语）和观想曼荼罗仍然不能达到即身成佛的境界，还必须具备五禅那佛的五种智慧才能成佛。五智只有大日如来才能为教化众生，变化为五佛。

五佛中央是大日如来，佛经说他是释迦牟尼佛的法身，也称为毗卢遮那佛，代表法界体性智；东方阿闳佛代表大圆镜智，又叫金刚智；南方宝生佛，代表妙观察智，也叫莲花智；西方阿弥陀佛，代表智慧；北方不空成就佛，代表成所作智，也叫羯磨智。

高僧作法时所戴此冠，象征五智如来的宝冠。五佛冠所用材质一般为银、铜、木、纸，也有丝绣制作的。分为五片，连缀在一起，每一片上有一代表五佛之一的梵文。

彩绘五佛冠

清

纸浆

每片高18厘米　宽11.5厘米

内蒙古博物馆藏

刺绣五佛冠

清

绸

单片高18厘米　宽11.8厘米

原件藏于内蒙古大学民族博物馆

银镂空五佛冠

清

银

单片高16厘米　宽10厘米

内蒙古博物馆藏

上师帽

清
毛呢
高36厘米　宽30厘米
原件藏于内蒙古博物馆

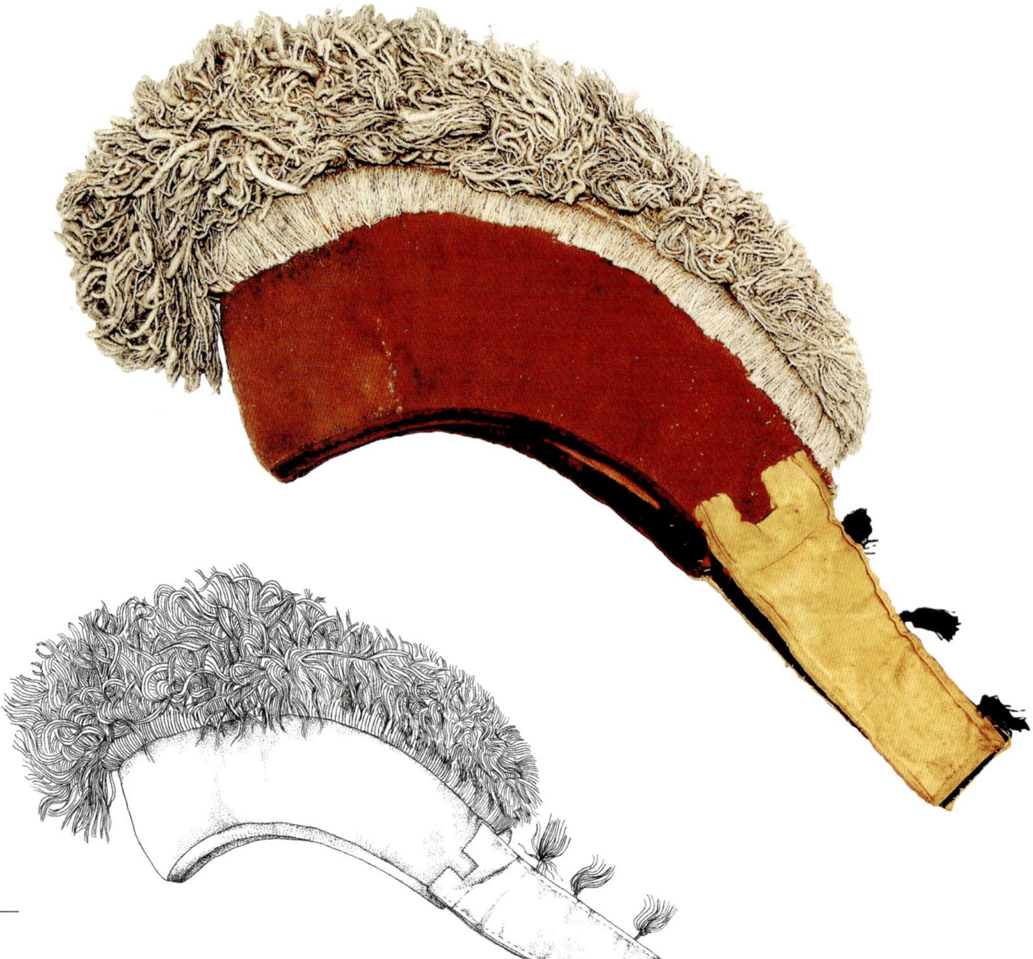

黄呢鸡冠形喇嘛帽

清
毛、麻、布
高23厘米　帽径35厘米
内蒙古博物馆藏

黄缎库锦边桃形喇嘛帽

清
缎
高17厘米　帽径20厘米
原件藏于内蒙古博物馆

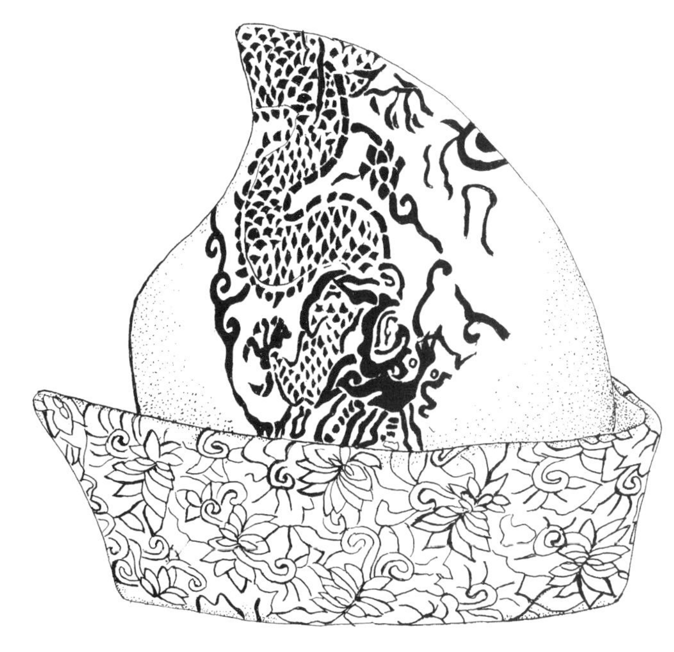

清代寺庙中作法事的喇嘛

阿修罗面具

近代
纸浆
高52厘米 宽35厘米 纵20厘米
内蒙古博物馆藏

大黑天面具

大威德面具

清
纸浆
高 62 厘米　宽 47 厘米　纵 66 厘米
原件藏于内蒙古博物馆

蝴蝶面具

近代
纸浆
高 32 厘米　宽 49 厘米　纵 41 厘米
原件藏于内蒙古博物馆

鹿神面具

近代
纸浆
高 70 厘米　宽 70 厘米　纵 56 厘米
内蒙古博物馆藏

鹿神面具

近代
纸浆
高 75 厘米　宽 53 厘米　纵 52 厘米
原件藏于内蒙古博物馆

凤头面具

近代
纸浆
高47厘米　宽39厘米　纵36.5厘米
内蒙古博物馆藏

马头金刚面具

白老翁面具

近代
纸浆
高38厘米　宽28厘米　纵21厘米
内蒙古博物馆藏

大红司命主面具

清
纸浆
高64.5厘米　宽40厘米　纵28厘米
内蒙古博物馆藏

阎罗王面具

近代
纸浆
高 42 厘米　宽 44 厘米　纵 23.5 厘米
内蒙古博物馆藏

狮子头面具

清
纸浆
高 44 厘米　宽 39 厘米　纵 31 厘米
内蒙古博物馆藏

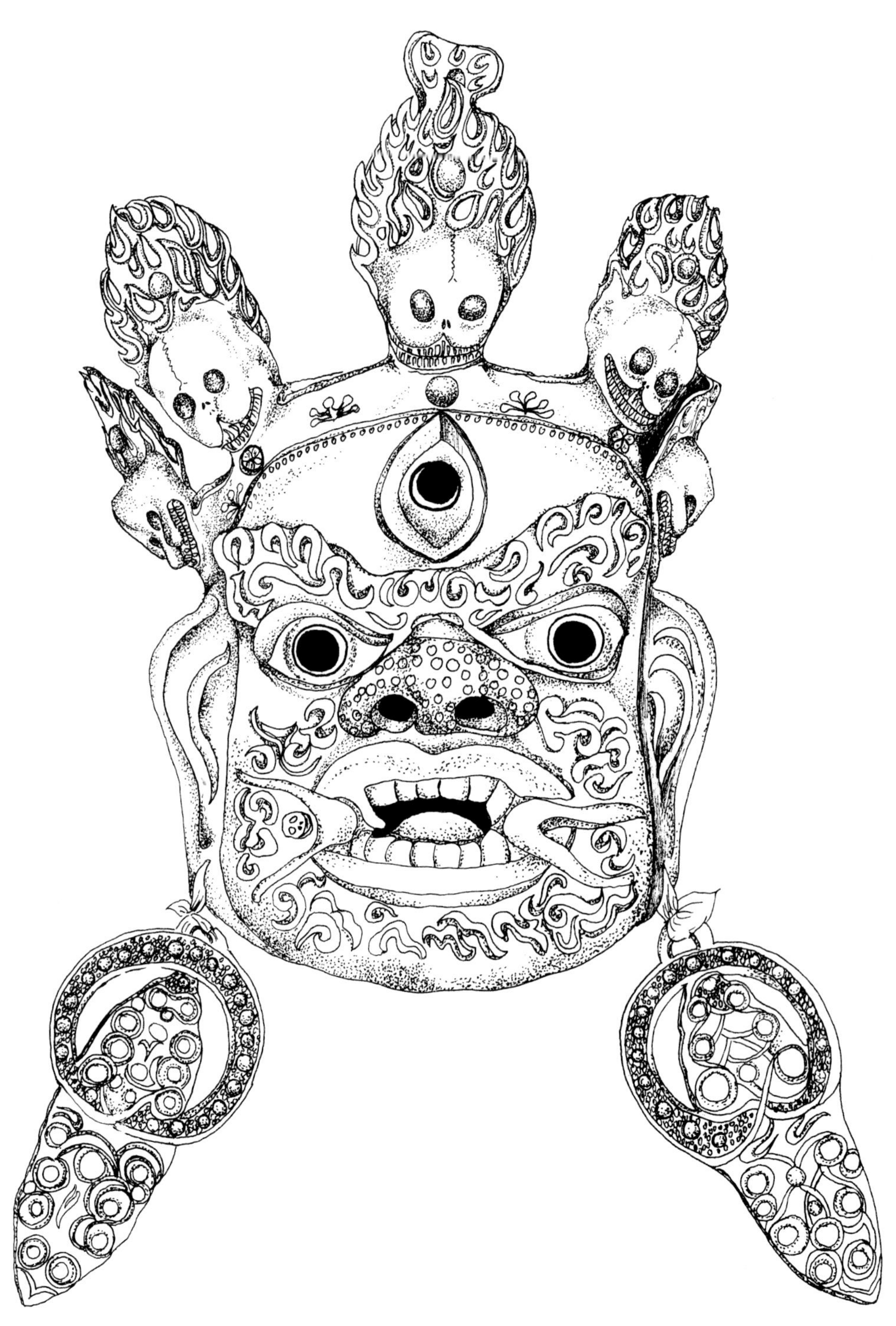

吉祥天母面具

近代

纸浆

高 71 厘米　宽 42 厘米　纵 22 厘米

原件藏于内蒙古博物馆

护法面具

近代

纸浆

高47厘米　宽40厘米　纵29厘米

内蒙古博物馆藏

古铜缎绣云龙纹查玛服

清
缎
衣长136厘米　摆宽126厘米　两袖通宽182厘米
内蒙古博物馆藏

黄织锦缎云龙纹查玛服

清

缎

衣长133厘米　摆宽137厘米　两袖通宽166厘米

内蒙古博物馆藏

蓝织锦缎云龙纹查玛服

清

缎

衣长 132 厘米　摆宽 139 厘米　两袖通宽 176 厘米

内蒙古博物馆藏

蓝缎绣云龙纹查玛服

近代
缎
衣长134厘米　摆宽133厘米　两袖通宽174厘米
内蒙古博物馆藏

黄缎绣云龙纹查玛服

近代
缎
衣长135厘米　摆宽158厘米　两袖通宽196厘米
内蒙古博物馆藏

驼骨雕饰法王服

清
骨
衣长 92.5 厘米　摆宽 82 厘米
内蒙古博物馆藏

法服由镂雕各种佛像、八宝、花卉等佛教图案的骨饰和骨珠穿连而成。计有帽饰、胸饰、胸前垂穗、耳环、臂饰、腕饰、背饰及围裙等 11 件形制独特的骨雕佩饰组成法王骨雕服。此法服为地位身份较高的喇嘛活佛在作佛事活动时，套在查玛服或王服外。

绿地饰如意披肩

清
绸
长128厘米　宽103厘米
内蒙古大学民族博物馆藏

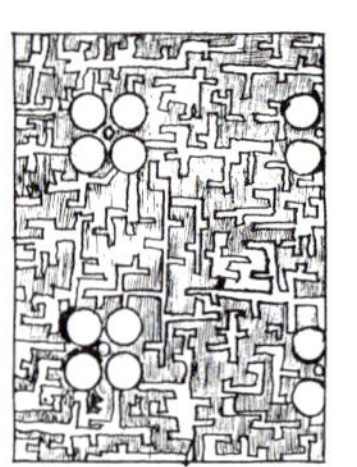

对折三角形披肩，展开为方形，领下有15厘米长形口，上缀一道钮扣。胸背及两肩四角均补绣锦缎，巧作为如意卷云纹。

库锦缎嵌如意头纹披肩

清
缎
长68厘米　宽68厘米
原件藏于内蒙古博物馆

绿地饰紫绸披肩

清
绸
长52厘米　宽52厘米
原件藏于内蒙古博物馆

补绣大威德金刚查玛围裙

清
缎
长71.5厘米　宽65厘米
原件藏于内蒙古博物馆

为长方形围裙，在黑缎上以五彩绸缎补绣黑面护法金刚头像，头像额中有一目，三目圆瞪，张口龇牙，口吐烈焰，顶戴五骷髅冠，呈愤怒状。耳下垂大耳饰，并连颌下的珠串项饰。头像三侧补绣五彩护法小头像，其侧镶红、黄、蓝三层绸缎宽边，花布衬里，围裙两侧有黑带挽系于腰后，此裙系于查玛服外。

查玛靴

黄缎云龙纹查玛靴

清
缎
高50厘米　长28.5厘米　宽10.5厘米
内蒙古博物馆藏

跳查玛，查玛亦称羌姆，系藏语，蒙古语称步扎、布扎，民间俗称跳鬼、跳神、跳神舞。

查玛舞来源于喇嘛教一个古老的传说。相传郎达玛是古印度的一条牛，在建造佛寺中，青牛很卖力，运土搬石，因过度累而受重伤。在佛寺落成的庆典上，人们纷纷在佛主面前表功，以求佛主保佑。唯有青牛被淡忘了。青牛非常伤心，不久便离开人世。经过活佛高僧们占卜，青牛憎恨佛教，降生为人要发难于佛教。后来，青牛果然转世为西藏王——郎达玛。郎达玛成为国王后，发动了一系列西藏佛教历史上镇压佛教的运动。损毁佛寺，焚烧佛经，驱逐和残害喇嘛，并企图毁掉佛法，吐蕃佛教一度衰落，民不聊生。有一僧人利用跳舞寻机杀死郎达玛。据说郎达玛转生为精灵，时常出来破坏寺庙。后来，僧侣们戴上各式各样的假面具，扮成刺杀郎达玛时跳舞的样子，吓跑了郎达玛的精灵，战胜了妖魔。喇嘛教因此得以平安。从此，为了降伏恶魔、免除灾祸，跳查玛成为藏传佛教各寺庙佛事活动的重要仪式。

其实，跳查玛是来源于印度、西藏佛教历史故事，它除了降妖除魔的降伏舞外，还包括赞颂佛法，普渡众生，教诲人们改恶从善的颂赞舞，以及供奉佛陀的供奉舞等。16世纪后期，蒙古高原上建立了第一座藏传佛教寺院——弘慈寺，在该

清代寺庙的查玛法会

各寺庙的查玛法会

寺落成典礼上，青海塔尔寺高僧将查玛舞传授到蒙古草原。其后，查玛便先后出现在蒙古地区的各喇嘛教寺院，并形成了有别于西藏具有蒙古特点的查玛，同时，内蒙古地区各地喇嘛与查玛舞也不尽相同。至今，查玛仍被完整地保留在内蒙古各藏传佛寺僧人中。

此外，跳查玛时，必须由僧人组成的乐队进行伴奏。器乐除大法号和大鼓外，还有单角号、螺号、唢呐、羊皮鼓、铜钹、铜锣等。查玛舞开始时，众喇嘛聚集在大殿内开始诵经，乐队则按规章协同吹奏，气氛森严。僧侣们头戴各种面具，身着龙袍按顺序依次出场。

查玛结束时，喇嘛们在寺庙的广场上举行烧“苏日”仪式，即将施主、僧侣及信徒的灾祸一同焚烧尽。

各寺庙的查玛法会

黄缎镶库锦边团花大襟短坎肩

清

缎

身长66厘米　肩宽42厘米

原件藏于内蒙古博物馆

黄缎暗花喇嘛便袍

清

缎

身长148厘米　两袖通宽230厘米

原件藏于内蒙古博物馆

红呢短褂

清
呢
身长73厘米　两袖通宽174厘米
内蒙古博物馆藏

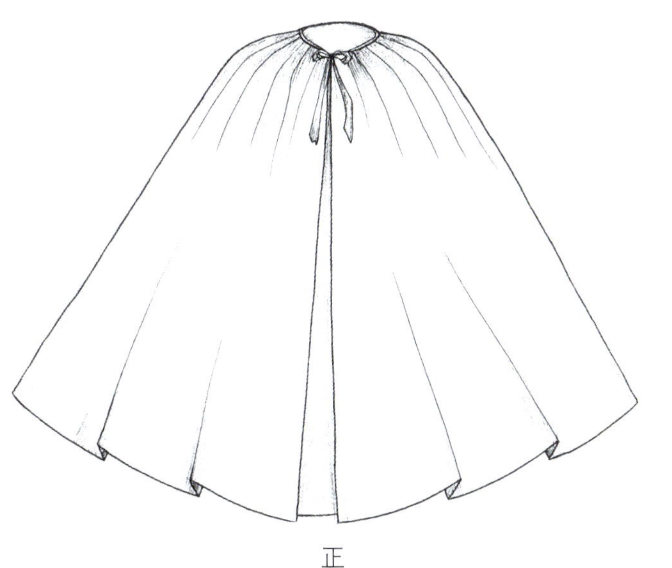

正

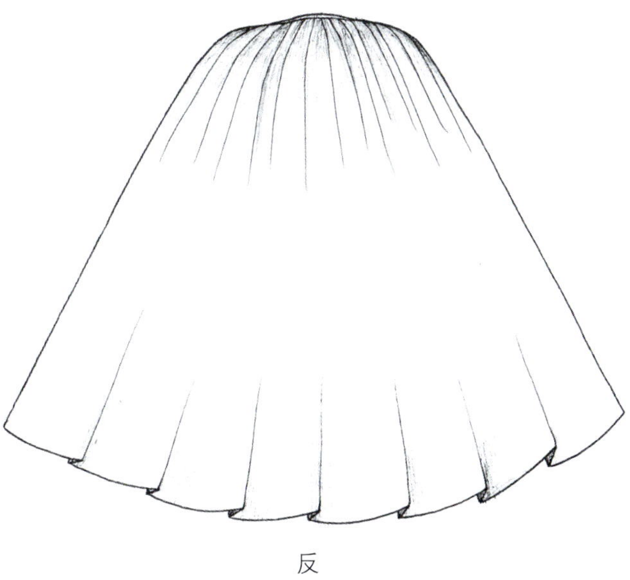

反

蓝缎披风

黄布披风

清
布
身长 124 厘米　下摆 288 厘米
内蒙古博物馆藏

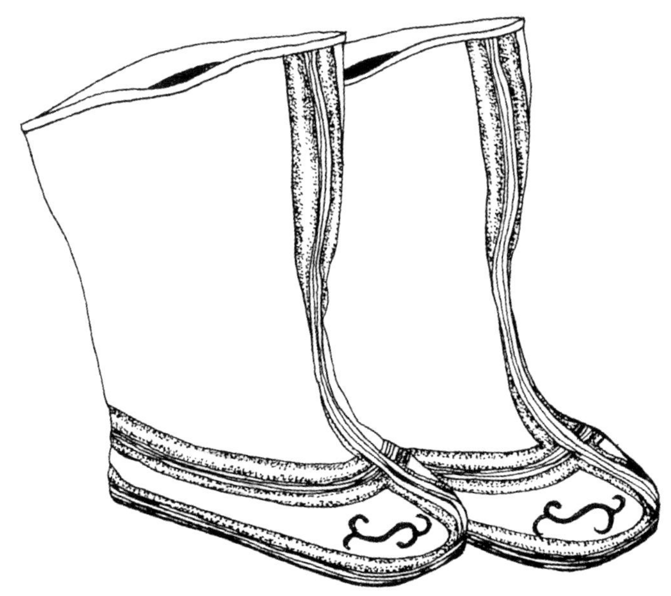

镶牛皮便靴

清
皮
高 41 厘米　长 39 厘米　宽 12 厘米
原件藏于内蒙古博物馆

镶牛皮便靴

清
皮
高 42 厘米　长 40 厘米　宽 12 厘米
原件藏于内蒙古博物馆

数珠俗称为念珠或佛珠，为佛教僧尼与善男信女念佛计数的法器。根据佛家说法，普通一个常人一生有84000种烦恼，佛家将其浓缩归纳为108种，世人就常常念佛、念法或念僧伽名，以求解除烦恼，并且断绝因平常所作的恶业因而得的坏果报。

数珠的数目一般为1080颗、108颗、54颗、42颗、36颗、27颗、21颗、18颗及14颗等9种。数珠质地常见的有珊瑚、水晶、蜜蜡、白玉、青金石、子实、料珠等。

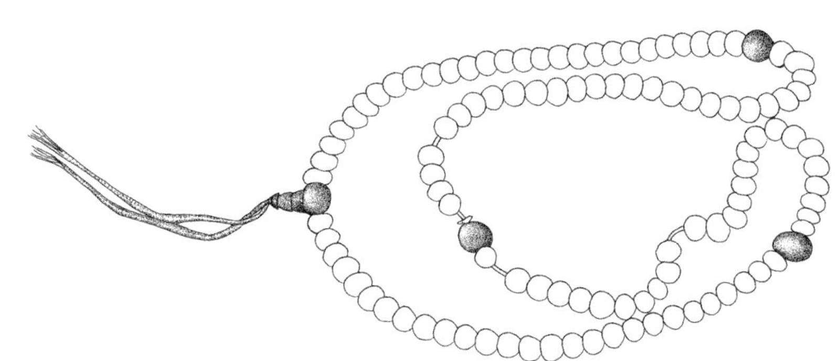

珊瑚念珠

清
珊瑚
长41.5厘米
原件藏于内蒙古博物馆

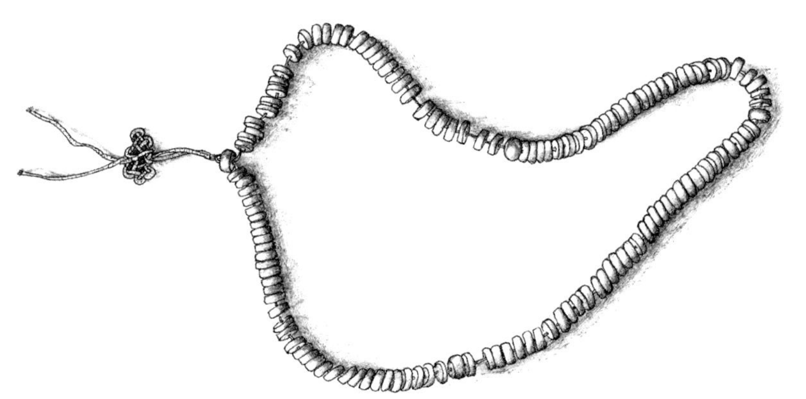

木子数珠

清
木
长32厘米
原件藏于内蒙古博物馆

植物子数珠

清
木
长20厘米
原件藏于内蒙古博物馆

木子念珠

清
木
长30.5厘米
原件藏于内蒙古博物馆

料石念珠

清
料石
长69厘米
原件藏于内蒙古博物馆

饰银河曲子念珠

清
植物子
长34.5厘米
原件藏于内蒙古博物馆

念珠一组

内蒙古博物馆藏

琥珀念珠

清
琥珀
长60.5厘米
内蒙古博物馆藏

植物子念珠

清
植物子
长69厘米
内蒙古博物馆藏

清代草原上的喇嘛教信徒

草原上持念珠的喇嘛

寺庙中持念珠的喇嘛

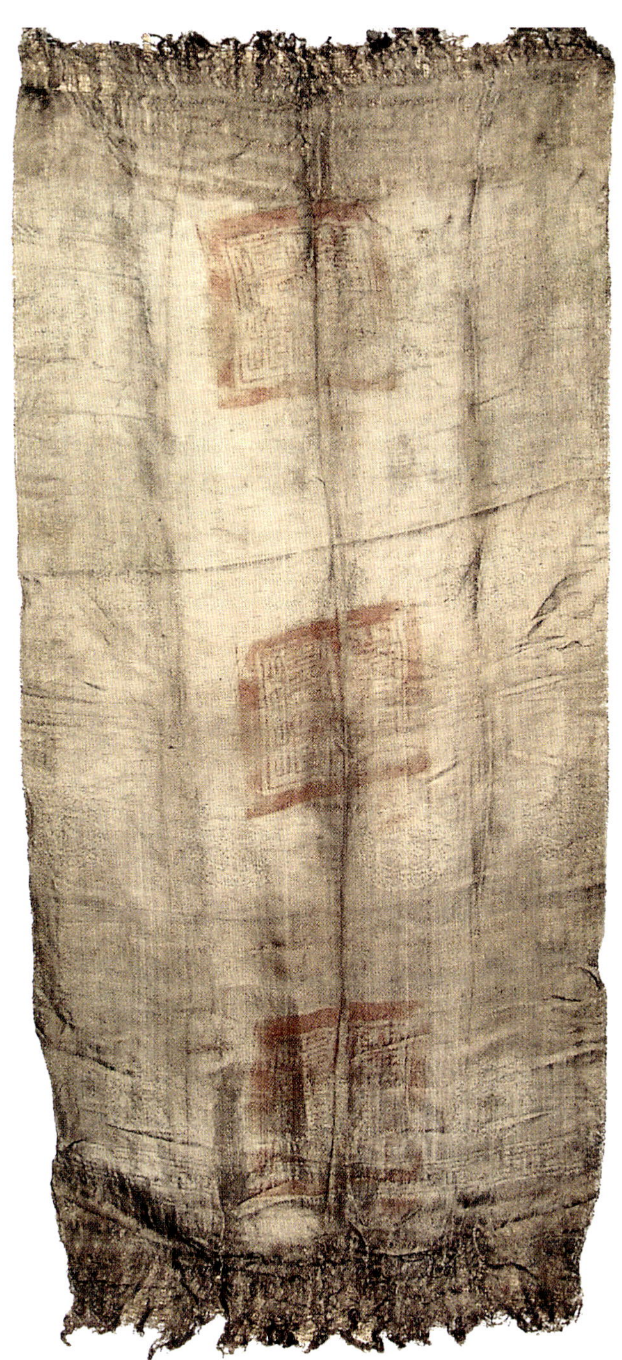
九世班禅印记哈达

清
蝉丝
长70厘米　宽31.5厘米
内蒙古大学民族博物馆藏

烟壶一组

内蒙古博物馆藏

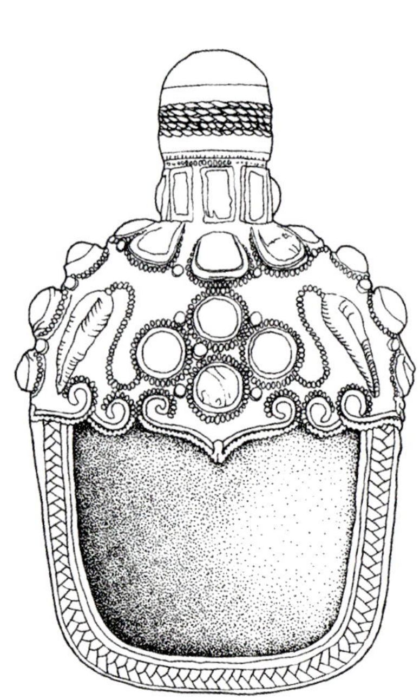

银镶宝烟壶

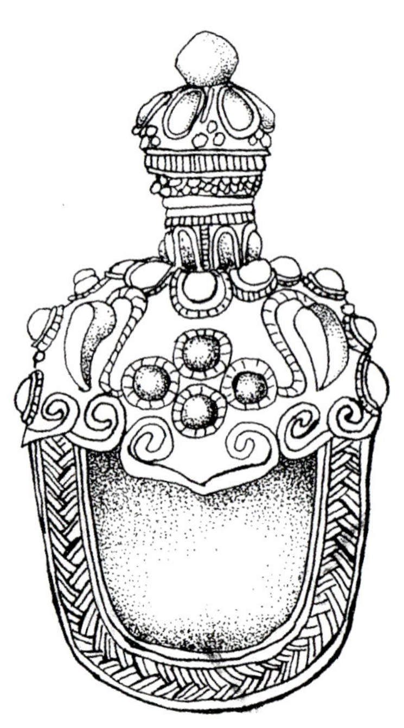

银镶宝莲瓣纹烟壶

"共乐升天"鱼纹铜烟壶

清
铜
高7.2厘米　宽5.1厘米
内蒙古大学民族博物馆藏

嵌龙纹骨饰鼻烟壶

清
骨
高8.1厘米　底径2.8厘米
内蒙古大学民族博物馆藏

褡裢及鼻烟壶

紫缎盘肠纹烟壶袋

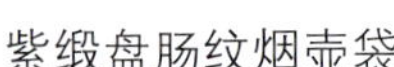

清

缎

长43厘米　宽17.5厘米

内蒙古博物馆藏

交换烟壶的喇嘛

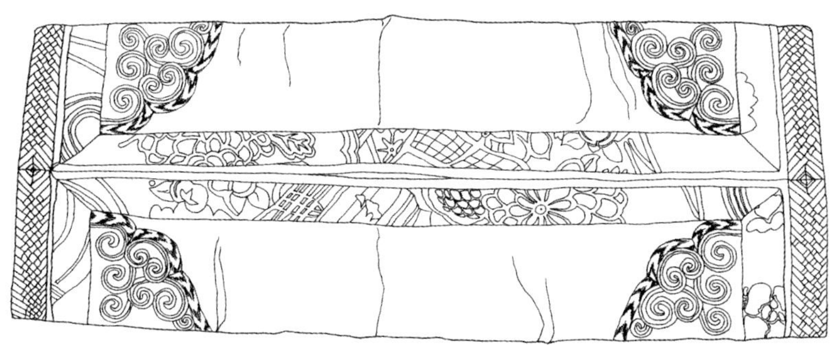

黄缎卷云纹褡裢

近代
缎
长38厘米　宽15厘米
原件藏于内蒙古博物馆

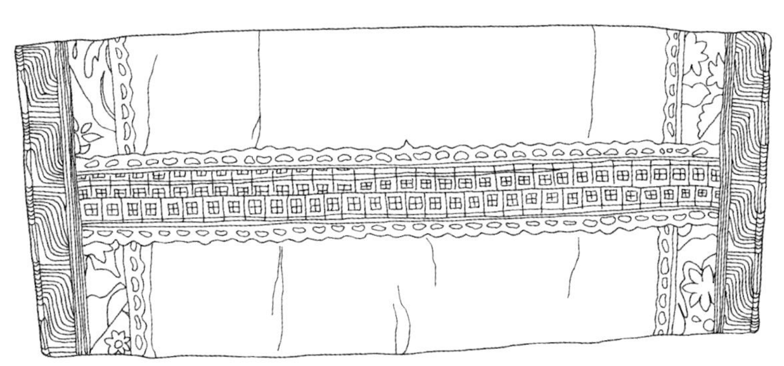

紫缎吉祥纹褡裢

近代
缎
长33厘米　宽13厘米
原件藏于内蒙古博物馆

黄缎吉祥纹烟壶袋

清
缎
长33.5厘米　宽18厘米
原件藏于内蒙古博物馆

五　喇嘛用具

鋬吉祥纹银碗

清

银、木

高4.8厘米　口径10.5厘米　底径6.1厘米

内蒙古博物馆藏

底部

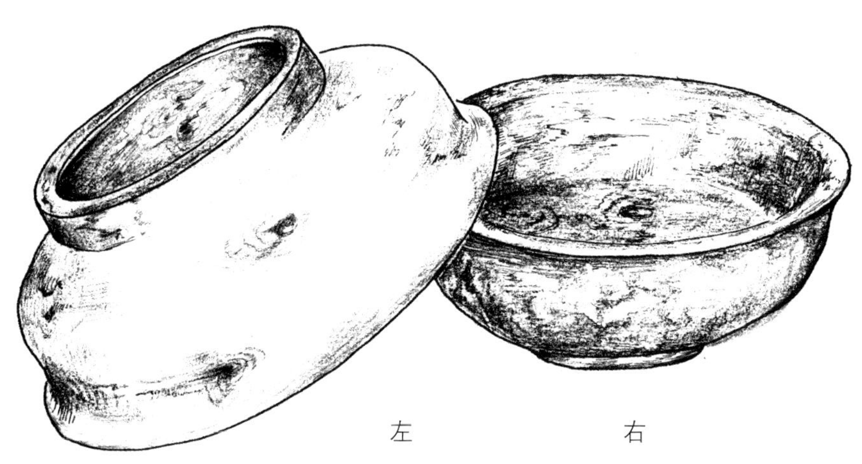

木碗

清
木
左：高4.3厘米　口径11.1厘米　底径6.6厘米
右：高4.4厘米　口径12厘米　底径6.7厘米
原件藏于内蒙古博物馆

寺庙熬茶用大铁锅

清
铁
高67厘米　口径135厘米
原件藏于内蒙古大学民族博物馆

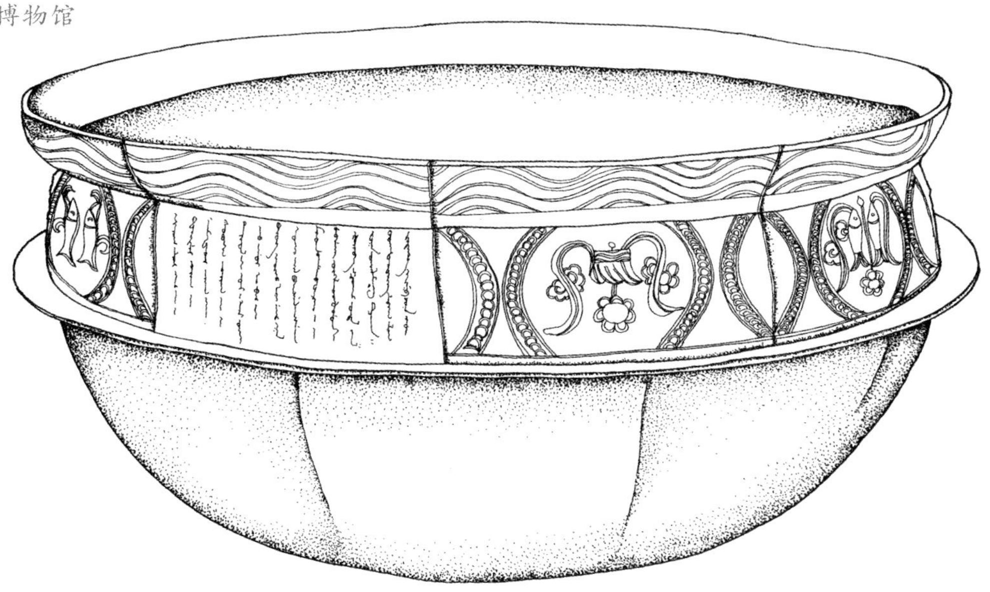

錾莲瓣纹双流茶壶

清
铜
高 27 厘米　宽 35 厘米　底径 15 厘米
原件藏于内蒙古大学民族博物馆

镶寿字银饰紫铜茶壶

清
铜
高 19.5 厘米　宽 26.4 厘米
内蒙古博物馆藏

平盖铜茶壶

清
铜
高 15 厘米　口径 21 厘米
原件藏于内蒙古大学民族博物馆

饰银茶壶

拼木水桶

近代
铜、木
高26.5厘米　直径12厘米
内蒙古大学民族博物馆藏

铜奶桶

近代
铜
通高44.5厘米　桶高33厘米
口径26厘米　底径29.5厘米
内蒙古博物馆藏

喇嘛用的马鞍

挑水的喇嘛

古铜缎绣八宝龙纹靠背及坐垫

清

缎

靠背高 63.5 厘米　宽 67.5 厘米

坐垫长 124 厘米　宽 92 厘米

内蒙古博物馆藏

黄缎饰八吉祥纹靠背及坐垫

清
缎
靠背高 72 厘米　宽 78 厘米
坐垫长 75 厘米　宽 75 厘米
内蒙古博物馆藏

紫缎绣九龙纹靠背及坐垫

清

缎

靠背高94.5厘米　宽90厘米

坐垫长90厘米　宽90厘米

内蒙古博物馆藏

红缎绣五龙纹靠背

清
缎
靠背边长78厘米
内蒙古博物馆藏

蓝织锦缎五龙坐垫

清

缎

坐垫边长85厘米

内蒙古博物馆藏

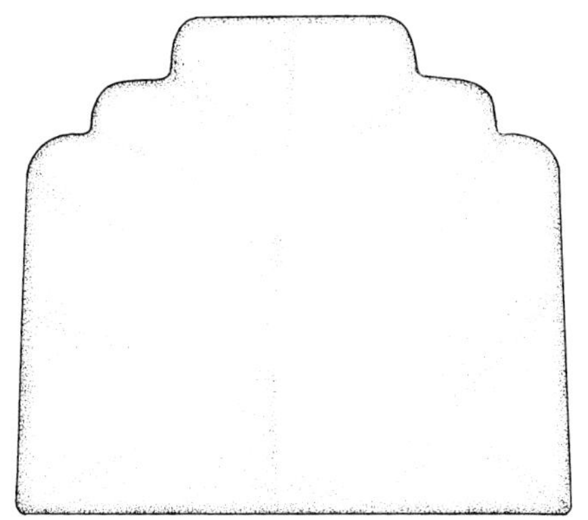

黄织锦缎的纹理

黄织锦缎靠背

清

缎

靠背高 70 厘米　宽 73 厘米

原件藏于内蒙古博物馆

龙纹木靠背

清

缎

靠背高 72 厘米　宽 78 厘米

原件由内蒙古自治区包头市刘玉功先生收藏

诵经柜

清

木

高39厘米　长53.5厘米　宽28.5厘米

原件由内蒙古自治区包头市刘玉功先生收藏

局部

红底彩绘诵经柜

清

松木

高28厘米　长46厘米　宽28厘米

原件由内蒙古自治区包头市刘玉功先生收藏

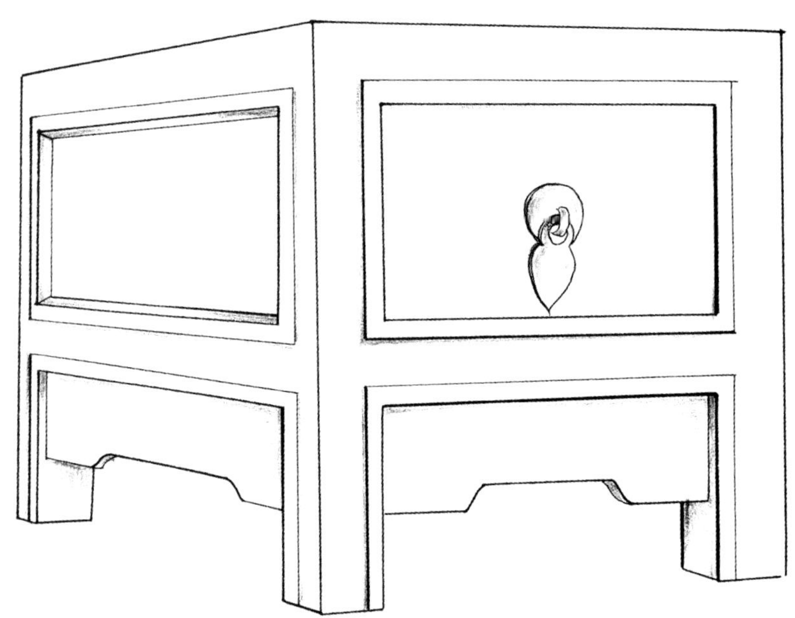

红底起线诵经柜

清
松木
高25厘米　长46厘米　宽23.5厘米
原件由内蒙古自治区包头市刘玉功先生收藏

寺庙供案

清
榆木
高89厘米　长178厘米　宽51.5厘米
原件由内蒙古自治区包头市刘玉功先生收藏

红底描金龙经卷柜

清
松木
高200厘米　长215厘米　宽50厘米
原件由内蒙古自治区包头市刘玉功先生收藏

经卷柜

清
榆木
高168.5厘米　长107.5厘米　宽44厘米
原件由内蒙古自治区包头市刘玉功先生收藏

叁 喇嘛教佛具

藏传佛教法事活动中使用的器物种类繁多，具有浓厚的神秘色彩，每件器物都有其不同的宗教含义。从器形上看它们都是藏传佛教供奉的圣物，而且都是宣传宗教教义的一种工具。

法器和供器是作法事活动时使用的器物。在喇嘛教寺院经堂内，敬奉三宝的整个供器与法器根据不同的类别可划分成不同的系列组合，由于喇嘛教在各地宗派不同，法器和供器的内容与形式也不尽相同。

藏传佛教的法器与供器风格特点非常鲜明，就其材质而论大多以金、银、铜铸造为主，此外还包括木雕、石雕、骨雕、贝壳以及各种质地的面料制品。总而言之，密宗有一个善巧方便的修习法门——观想，它必须用具体的形象将密宗修习的法门表现出来，因此名目繁多的法器与供器是由于佛教信徒侍奉的修行供养和观想供养所产生的。法器与供器造型模式最初源于古代天竺佛教，随着社会经济和藏传佛教的兴起，7世纪西藏地区出现了第一批金属工艺的宗教艺术品，其中包括藏传佛教的供器如铜质油灯和供水杯等。金刚杵和金刚橛原本是古印度的兵器，8世纪随着藏传佛教在西藏地区的进一步发展，它们被密宗吸收为宗教法器。藏传佛教在其形成与发展过程中，先后吸收了印度、西藏、蒙古和中原内地的各种地域和民族的内容，在这一有利条件下，外来与本地仿造的宗教器物日渐增多，工艺技法臻于完善。由于元、明、清历代宫廷所推行的，都是一条不断扶植藏传佛教的政策，因此在蒙古地区各个寺庙内敬奉的供品与法器都明显具有藏传佛教风格。这为当时的藏传佛教艺术的发展起到了很大的推动作用。

随着佛教在藏地的弘扬和不断发展，经过了历代僧侣艺人不断加工和完善，藏传佛教法器和供器不仅系统化，而且具有了极高的艺术水准，成为了藏传佛教各教派寺院不可缺少的宗教仪器仪轨。

在明、清两代，蒙古族地区藏传佛教文化进入了鼎盛时期，形成了具有蒙古族特征的藏传佛教文化。藏传佛教提倡显、密共修，先显后密，密宗在传承、经典、修习次第、仪轨、制度等方面有一些特点。蒙古地区藏传佛教保留了密宗四部修习的完整形态，凭借藏传佛教的各种法器与供器，通过神秘的错综复杂的宗教仪式，实践了对佛、菩萨、本尊神像的观想。

一　悬张的佛具

玛尼筒是放在喇嘛教寺院的屋檐、廊下、殿角等处的一排排直立的圆木桶或铜铸的圆桶，上面刻写着六字真言，轻轻一推即可转动，藏语称为“古拉”，因为上面写有或内部装有喇嘛咒，一般人们也称之为喇嘛筒，也叫经筒。此外还有小型喇嘛筒，是用银、铜或骨雕而成，上刻着六字真言及精美图案。

转经筒呈中空，内装有六字真言和其他经咒的经卷。转动一周，表示念诵经咒一便，与诵读同功。其转动方向必须从左到右，即顺时针转动。

铜转经筒

清

铜

高29.5厘米　筒径7.7厘米

内蒙古博物馆藏

清代喇嘛寺庙陈置的转经筒

铜转经筒

清

铜

高13.2厘米　直径7.7厘米

原件藏于内蒙古博物馆

珐琅彩转经筒

清
铜
高24厘米　直径7厘米
内蒙古博物馆藏

六字真言转经筒

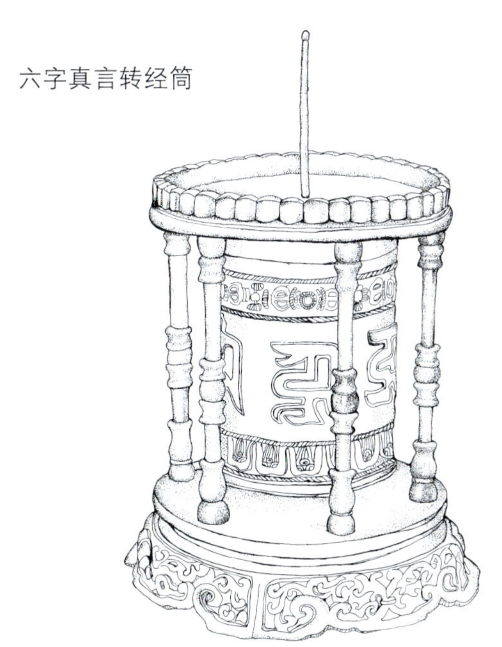

铜玛尼转轮

清
铜
通高33厘米　筒径6厘米
内蒙古博物馆藏

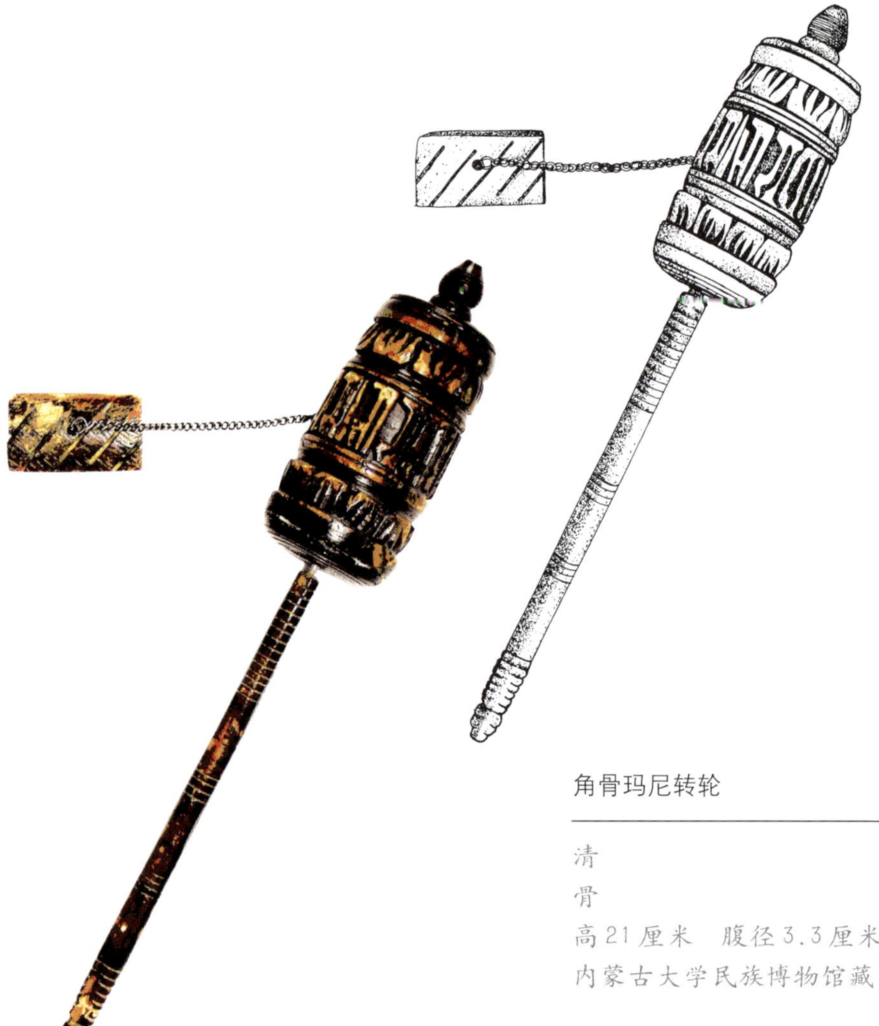

角骨玛尼转轮

清
骨
高21厘米　腹径3.3厘米
内蒙古大学民族博物馆藏

玛尼转轮

草原上传教的喇嘛

清

纸

长 265 厘米　宽 125 厘米

《草原生活图》局部

内蒙古博物馆藏

石玛尼筒亦称“经幢”、“胜幢”。中国古宗教石刻的一种。创于初唐，盛行于唐宋时期，明清时仍有雕造。幢是梵名“驮缚若”的译名。原是丝帛制成了伞盖状物，顶装如意宝珠，下有长杆，于佛前建之。石经幢一般可分幢座、幢身、幢顶三部分。幢身呈柱状，上雕刻经文或佛像等。

胜幢呈圆柱形。幢本为古代印度的军旗，佛教用来代表解脱烦恼，得到觉悟的象征。喇嘛教认为它是“戒”、“定”、“慧”、解脱、大悲、缘起和脱离偏见的象征。所谓有11种烦恼只有胜幢才能将它们降服。因悬于殿宇四角的胜幢，标志着吉祥压邪的象征。

佛堂挂幢

佛堂挂幢

包头美岱召佛堂挂幢

各寺庙悬挂的挂幢

二 陈设物品

藏传佛教密宗威仪中，为密法修持者举行灌顶仪式时，专为盛满圣水用的宝瓶。也称为吉祥八清净之一的净瓶，同时也是密宗修法灌顶时的法器之一。圣水浇灌头顶能祛除修持者无明烦恼之垢秽，同时引出自性清净心，可大大缩短修行成道的期限。在喇嘛教寺庙中瓶内装净水，象征甘露，瓶口插有孔雀羽或生有如意树，象征福智圆满，具空无漏。

高莲瓣纹鎏金圣水壶

清

铜

高78厘米　腹径29厘米　底径26厘米

内蒙古博物馆藏

铜鎏金净水瓶

清

铜

高35.7厘米　腹径23厘米　宽33厘米

内蒙古博物馆藏

铜净水瓶

清

铜

高14.6厘米　腹径12厘米　宽7厘米

原件藏于内蒙古博物馆

铜鎏金錾八宝纹净水瓶

清
铜
通高43厘米　瓶高21.5厘米　宽17厘米　底径8.4厘米
内蒙古博物馆藏

铜鎏金莲瓣足净水瓶

清

铜

高 26 厘米　通宽 22 厘米　底径 7 厘米

原件藏于内蒙古大学民族博物馆

净水瓶

清

铜

高 33 厘米　腹径 7.2 厘米

原件藏于内蒙古大学民族博物馆

铸铜僧帽壶

清

铜

高35厘米　腹径23厘米　宽34厘米

内蒙古博物馆藏

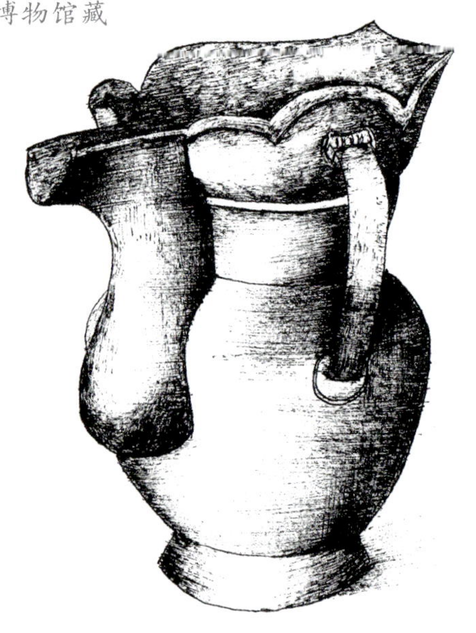

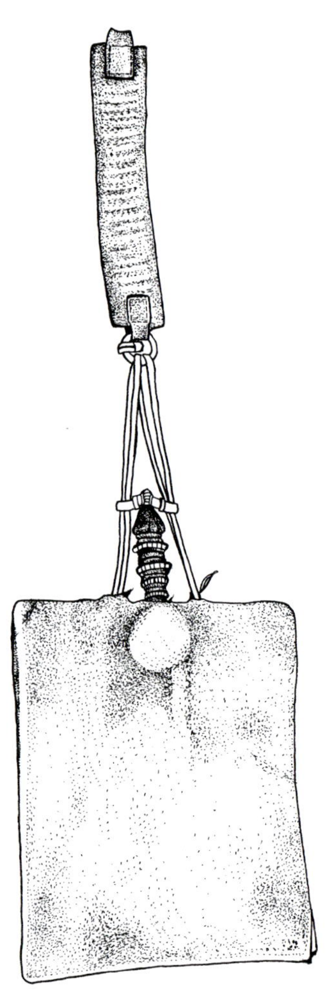

布袋式净水瓶

清

布

通长62厘米　长25.8厘米　宽19.8厘米

原件藏于内蒙古师范大学博物馆

布袋式净水瓶

清

布

通长60厘米　长26厘米　宽19厘米

原件藏于内蒙古博物馆

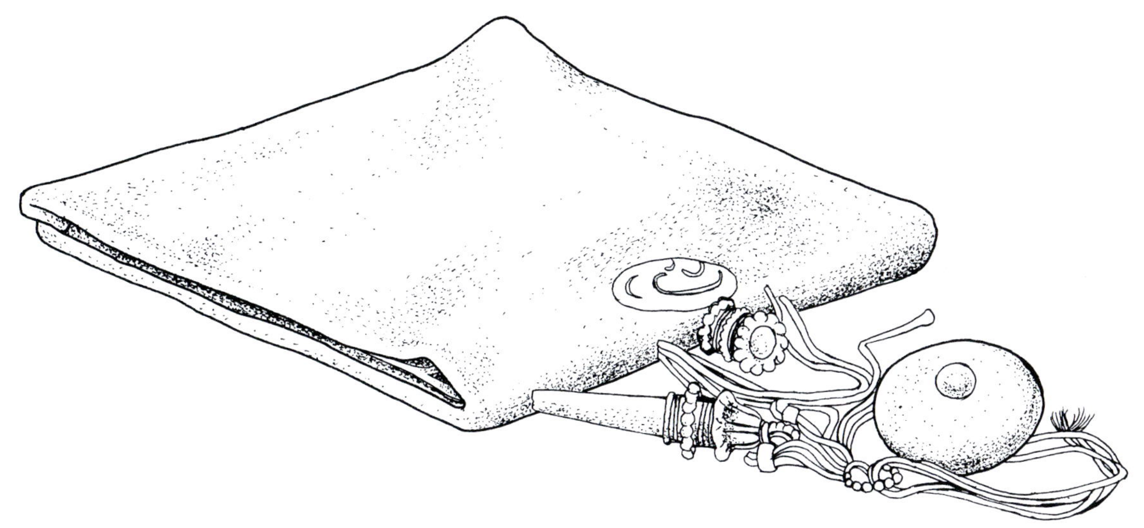

铜灯油壶

清

铜

高 7.3 厘米　宽 12.9 厘米

原件藏于内蒙古博物馆

铜灯油壶

清

铜

高 15 厘米　口径 5.5 厘米　底径 5 厘米

原件藏于内蒙古师范大学博物馆

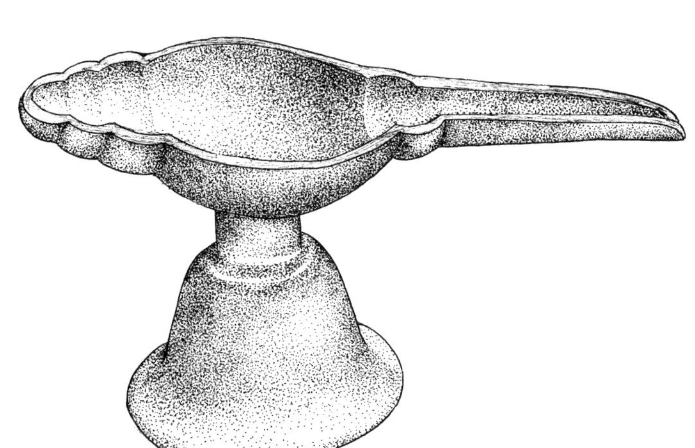

铜灯油漏

清

铜

高 6 厘米　长 12.5 厘米　底径 5.1 厘米

原件藏于内蒙古博物馆

彩绘八吉祥奔巴瓶

清
铜
高35厘米　腹径23厘米　宽34厘米
内蒙古博物馆藏

彩绘吉祥纹五谷斗

彩绘五谷斗

顶部法轮装饰

彩绘浮雕法轮如意宝纹五谷斗

清
木
高35厘米　顶边长26厘米
底边长26.5厘米
内蒙古博物馆藏

浮雕八宝纹功德箱

彩绘如意宝杵纹功德箱

彩绘八宝纹功德箱

清
木
高22厘米　长17.5厘米　宽17.5厘米
原件由内蒙古自治区包头市刘玉功先生收藏

功德箱

三 装饰供品

银錾吉祥纹灯碗

錾六字真言纹银灯碗

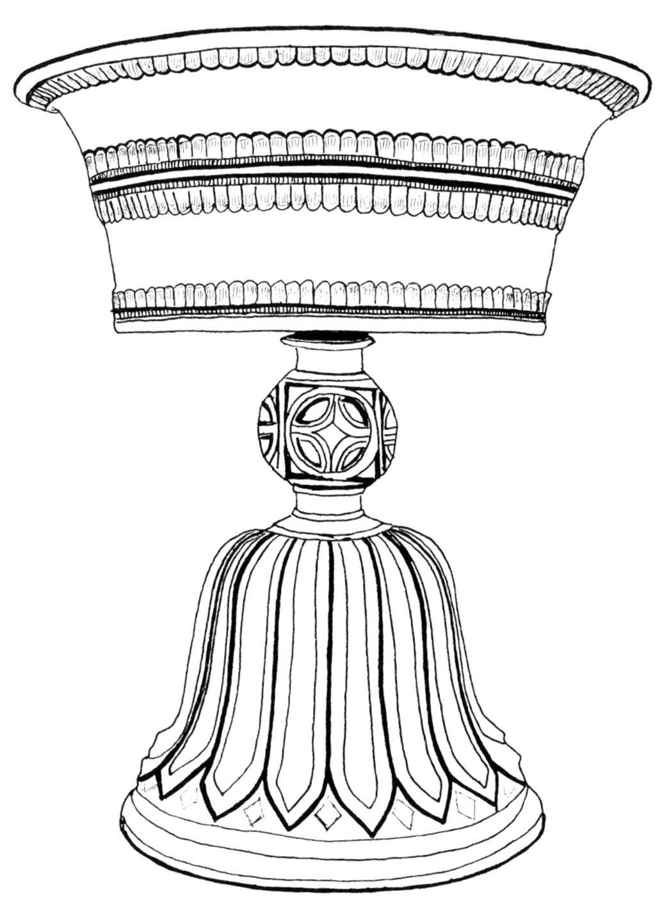

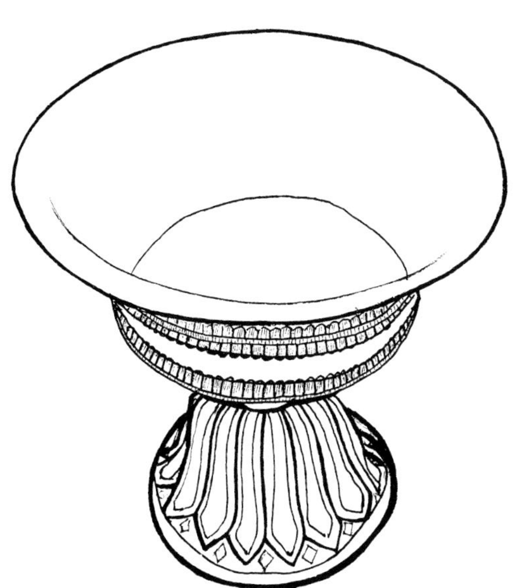

高莲瓣足银灯碗

清

银

高20.5厘米　口径17.5厘米　足径12.2厘米

原件藏于内蒙古博物馆

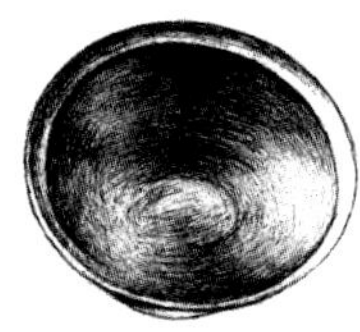

高足铜灯碗

清
铜
高6.7厘米　口径5.1厘米　足径3.5厘米
原件藏于内蒙古博物馆

高足铜灯台

清
铜
高14厘米　口径8厘米　足径6.1厘米
原件藏于内蒙古博物馆

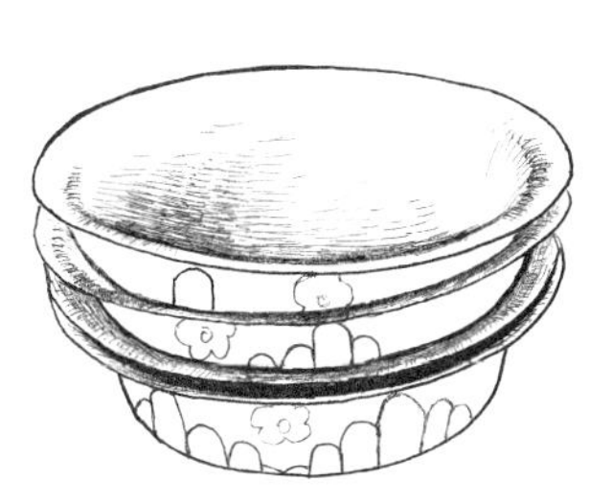
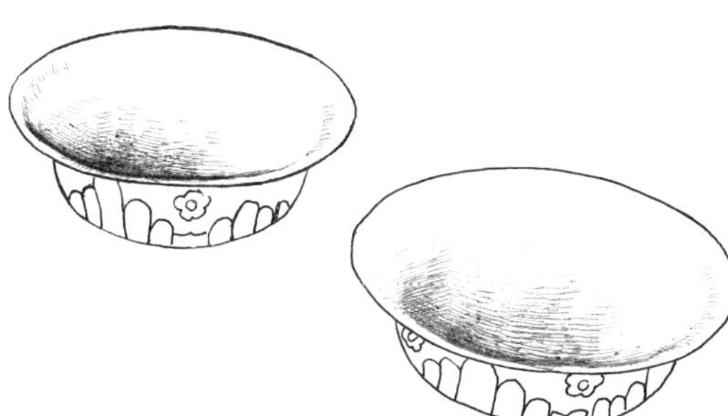

银烧蓝灯碗

清
银
高2.2厘米　口径6.3厘米
原件藏于内蒙古博物馆

高莲座铜灯碗

清
银
高4.8厘米　口径7.6厘米
足径4.3厘米
原件藏于内蒙古博物馆

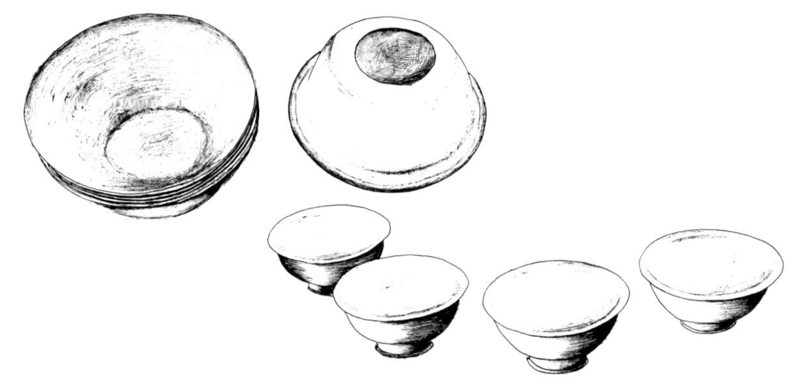

银灯碗

清

银

高2厘米　口径5.3厘米

原件藏于内蒙古博物馆

八宝纹银灯碗

五供是佛像或死者灵堂前的供器。由香炉一、烛台二、花觚二组成，又称五供养。清乾隆、道光年间较为盛行，佛家的五种供养物系涂香、华鬘、烧香、饮食、照明或海螺、寿桃、假山、莲花、烛台。使用时，炉内燃束束藏香，觚内插饰盛开的花卉，烛台插燃烧的蜡烛。

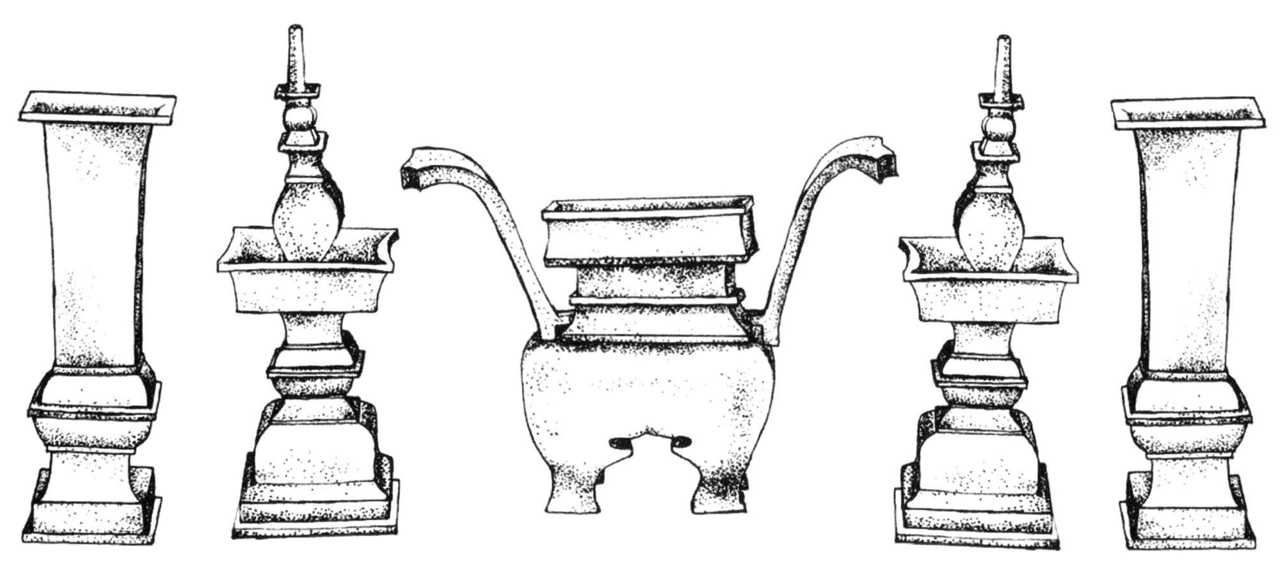

方形锡五供

清

锡

香炉高42.3厘米　宽40厘米　瓶高44.5厘米　烛台高53.7厘米

原件藏于内蒙古博物馆

铜五供

原件藏于内蒙古博物馆

曼达为藏传佛教法会时所用的供器。法会时，法师一面念经一面向上撒宝物，撒满底层再向上加一层，依法将最后一层放上，象征祈愿吉祥幸福，赞叹须弥山的功德。

曼达

内蒙古自治区五当召内供奉的曼达

这是一个在铜盆里布满了五谷杂粮、各色石子、贝壳、碎玛瑙、松石、珍珠等陈设的器皿。中部竖立着一座五层螺塔。它象征着须弥山，按佛经说须弥山是由金、银、铜、铁四宝组成，所以它是用各种金属珠宝装饰而成。

钧窑香炉

元
瓷
高42.7厘米　口径25.5厘米
内蒙古博物馆藏

雕龙石香炉

元
石
高23.5厘米　口径18.5厘米
腹径23.5厘米
内蒙古博物馆藏

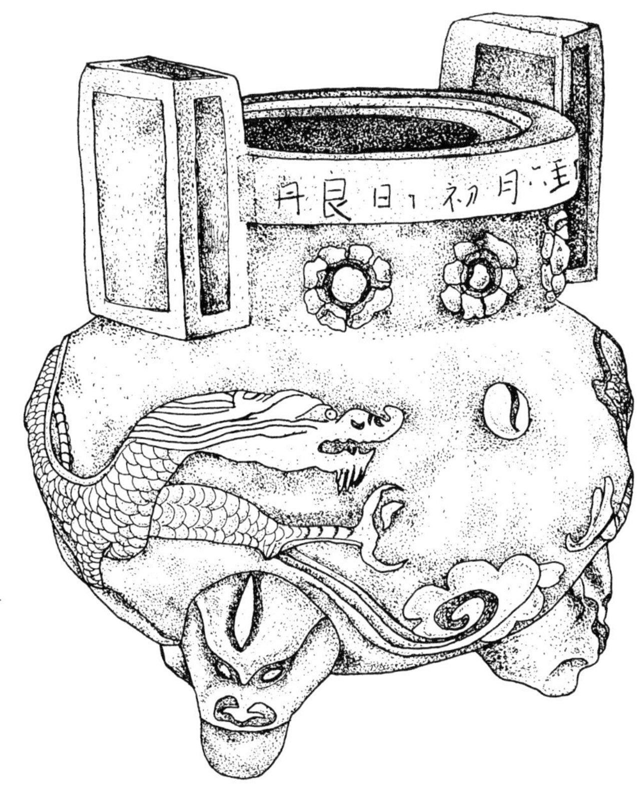

"至正元年"款龙纹石香炉

元
石
高16.5厘米　腹径15厘米　口径10.6厘米
原件藏于内蒙古博物馆

八宝纹镶宝银香炉

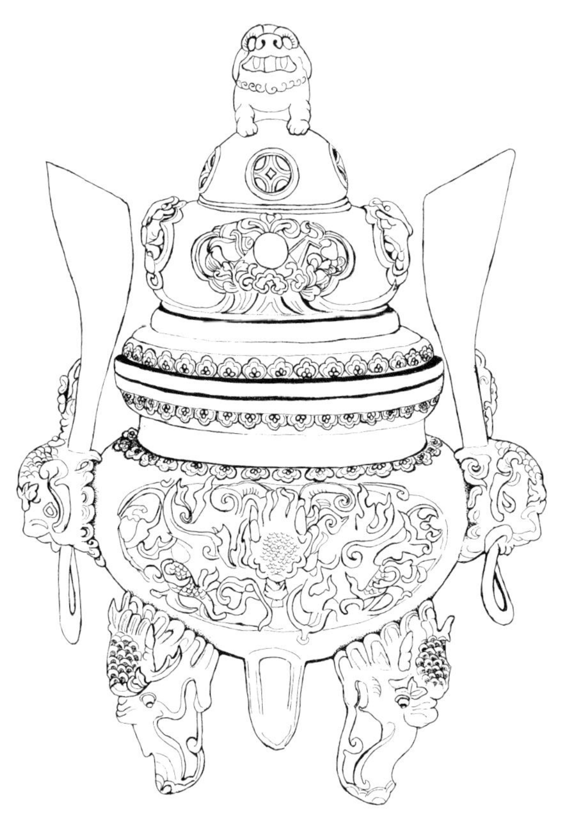

龙纹银香炉

珐琅彩熏香炉

清

铜

高29厘米　宽24厘米

内蒙古博物馆藏

龙纹铜熏香炉

清

铜

高 38.5 厘米　宽 30.5 厘米

内蒙古博物馆藏

行龙耳铜香炉

清
铜
高 12 厘米　宽 21 厘米
内蒙古博物馆藏

龙纹铜香炉

清
铜
高 10.8 厘米　口径 17.4 厘米
原件藏于内蒙古博物馆

福寿纹铜香炉

佛教故事瓷香炉

清

瓷

高 13.5 厘米　口径 22.5 厘米

腹径 22 厘米　底径 12.5 厘米

原件藏于内蒙古博物馆

青花瓷香炉

清

瓷

高 13.5 厘米　口径 22 厘米

底径 17.5 厘米

内蒙古博物馆藏

铜香炉

清

铜

高 3.7 厘米　口径 6.4 厘米

原件藏于内蒙古博物馆

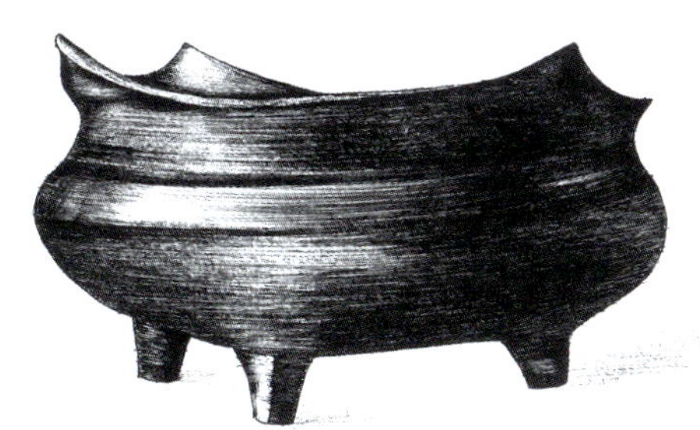

錾花铜香炉

四 持验物品

金刚铃柄首饰金刚杵，铃体饰云龙纹、缠枝莲纹。金刚铃为修法时手摇以发声的法器，依藏传佛教说法，它有惊觉诸尊、斩断烦恼的作用。金刚杵原为古代印度的一种兵器，后来被佛教吸收成为最常见的法器之一。金刚铃与金刚杵配合使用时，杵代表阳性，铃代表阴性，有阴阳和合之意。

菩萨首金刚铃杵及马蹄形皮外盒

清

铜

铃高18.5厘米　口径9厘米

杵长11.5厘米　最宽3.9厘米

内蒙古博物馆藏

金刚铃金刚杵

元

铜

铃高14.3厘米　口径9.5厘米

杵长19.5厘米　最宽5.5厘米

内蒙古博物馆藏

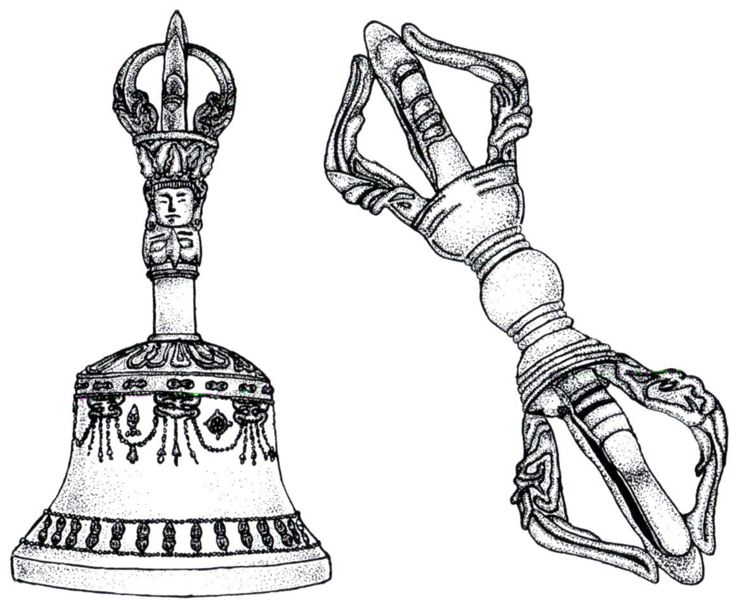

金刚铃四股金刚杵

清

铜

铃高14.9厘米　口径8厘米

杵长10厘米　最宽3.5厘米

原件藏于内蒙古博物馆

金刚铃四股金刚杵

清

铜

铃高15.2厘米　口径8.5厘米

杵长10.8厘米　最宽3.6厘米

原件藏于内蒙古博物馆

金刚杵梵语称伐折罗，原为古代印度兵器之一，后被密宗吸收为法器。印度古代传说，有位饮酪仙人，他死后骨头变成了金刚骨，帝释天用来制成了金刚作为兵器。佛教密宗以此来代表坚固、锋利之智，可断烦恼，除恶魔，因此它是代表佛智，有不性、宝性、真如，智慧等含义。金刚杵有独股、三股、五股、九股等多种，一般以五股为常见。

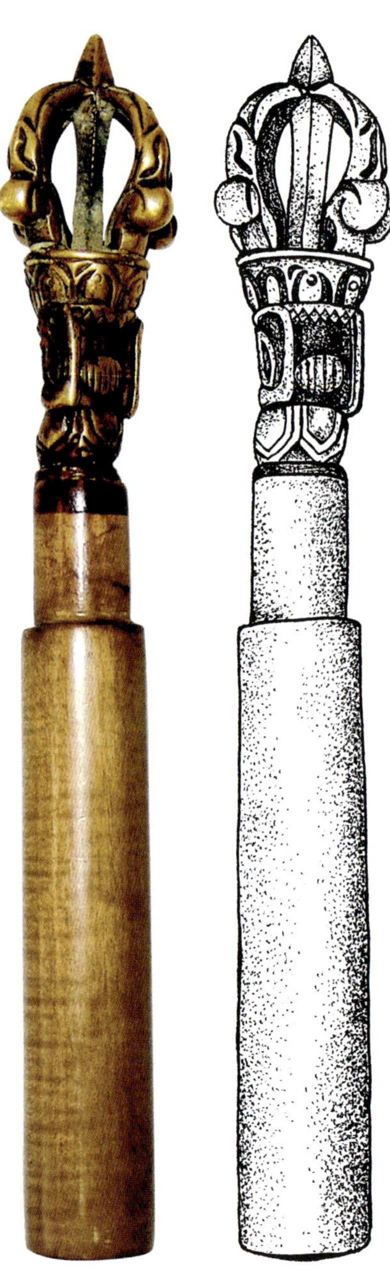

木柄金刚杵

清
铜、木
长19厘米
内蒙古大学民族博物馆藏

三面金刚首法杵

清
铜
高16厘米　宽3.5厘米
原件藏于内蒙古自治区通辽博物馆

三叉戟

清
铜
长17.3厘米
原件藏于内蒙古大学民族博物馆

手持法铃的喇嘛

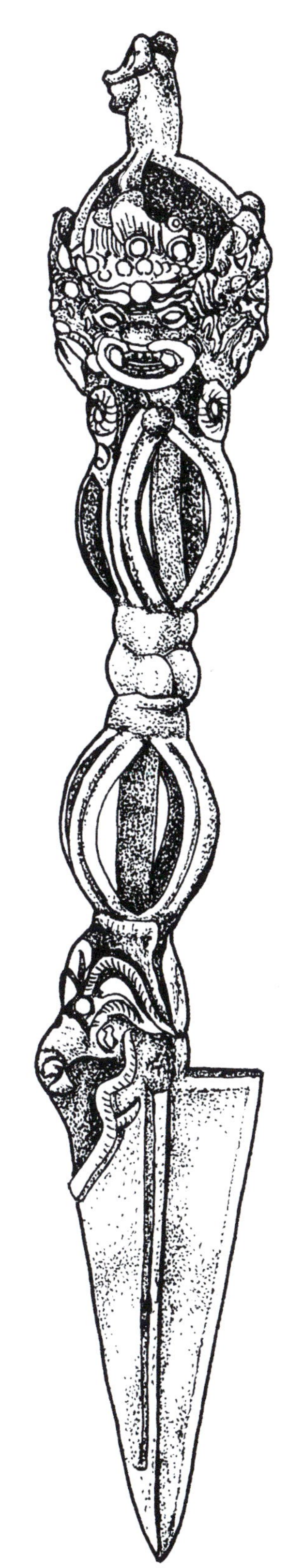

三股金刚橛

清
铜
长21厘米
内蒙古大学民族博物馆藏

橛原为古代兵器，后被藏传佛教密宗吸收为法器。由铜、银、木、象牙等各种材料制成。金刚橛又称四方橛或四橛，修法时在坛的四角竖立，意思是使道场范围内坚固如金刚，各种魔障不能前来为害。

乾隆款五彩金地瓷法轮

清

瓷

高27.5厘米　宽16.5厘米　底径11厘米

内蒙古博物馆藏

双龙耳宝瓶

清

铜、宝石

高16厘米　宽16.5厘米　底径7.2厘米

内蒙古博物馆藏

法轮

嘎巴拉碗也称人头器。据说嘎巴拉碗是前一代高僧的头盖骨，也有说是佛教徒生前发愿，死后将头骨献给寺庙作了法器。密宗修法者举行灌顶仪式时，在灌顶瓶内装圣水，头骨器内盛酒，高僧或活佛将圣水洒在修行者头上，并让其喝碗内酒，之后授予密法。

铜鎏金錾宝杵纹嘎巴拉碗

清

铜

通高 13 厘米　碗高 7.5 厘米

座宽 9 厘米

内蒙古博物馆藏

镶银錾花嘎巴拉碗

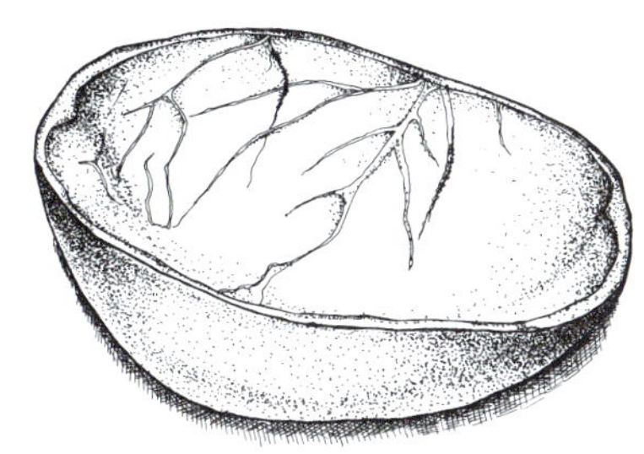
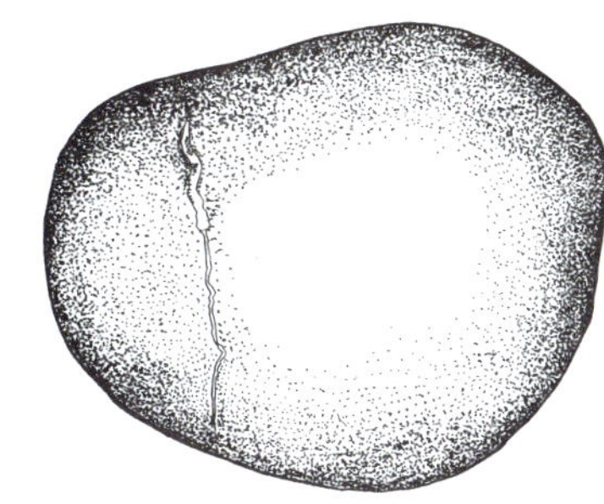

嘎巴拉碗

清
骨
高8.4厘米　长16.8厘米　宽14厘米
原件藏于内蒙古博物馆藏

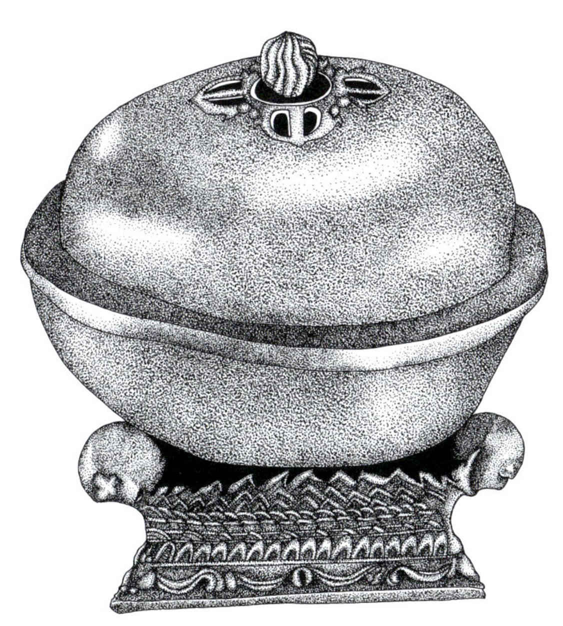

包铜饰嘎巴拉碗

清
铜、骨
高23厘米　宽17.5厘米
内蒙古自治区赤峰市喀喇沁旗王府博物馆藏

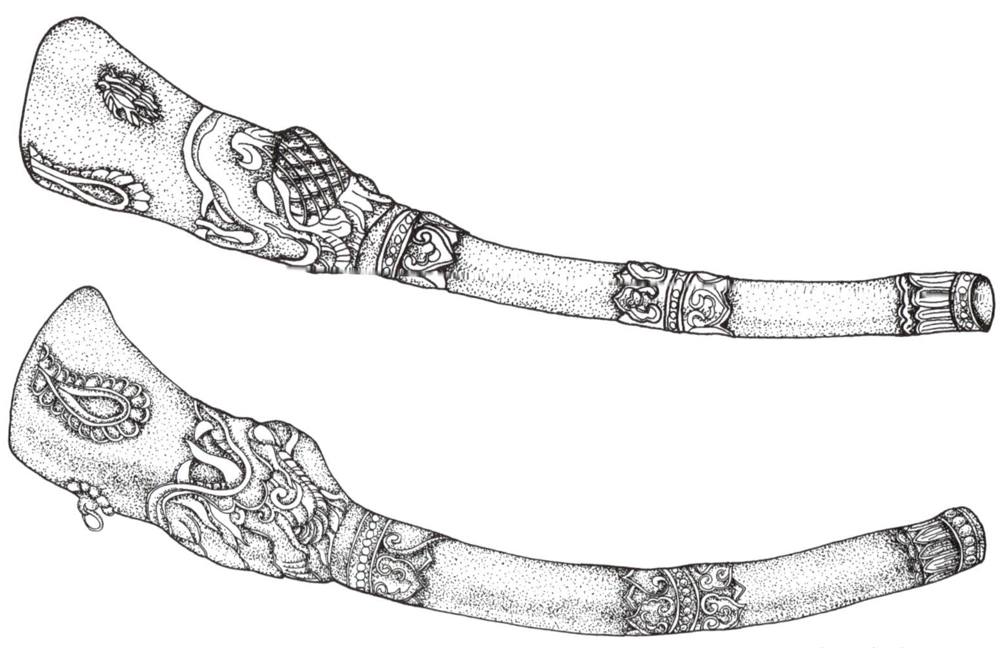

龙口小法号

清
铜
长29厘米　口长7.6厘米　口宽6.5厘米
原件藏于内蒙古博物馆

吹小号的喇嘛

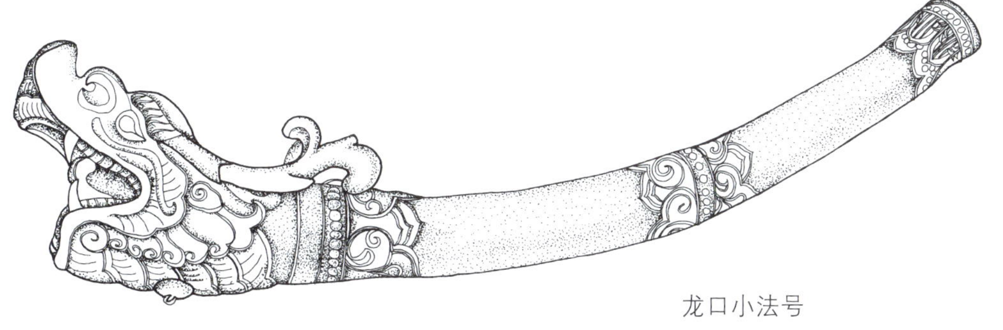

龙口小法号

清

铜

长45厘米　口长11厘米　口宽6.4厘米

原件藏于内蒙古博物馆

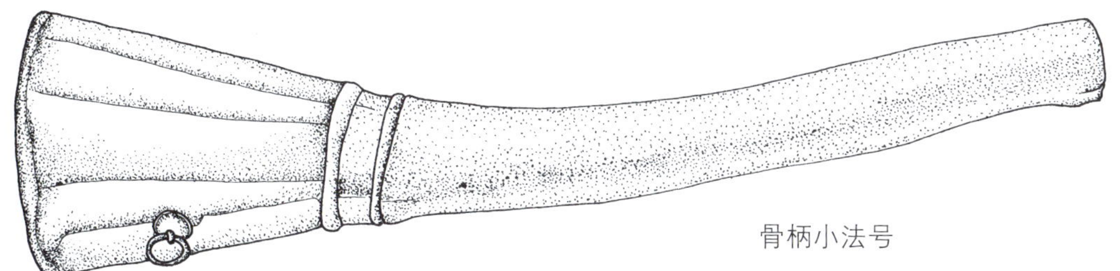

骨柄小法号

清

铜、骨

长29厘米　口长7.1厘米　口宽6.6厘米

原件藏于内蒙古博物馆

小法号一组

内蒙古博物馆藏

呈人胫骨自然形状，前后端均饰羊皮，其上绘虎皮纹，吹口大致为圆形。此法号藏语称“罡洞”，又称骨干叮。相传是用十七八岁男孩的腿胫骨制成，据说清代有一些虔诚的佛教徒甘愿献出自己的腿骨制成法号。为喇嘛夜间念镇魔经时吹奏，其声尖脆刺耳威摄恶魔。

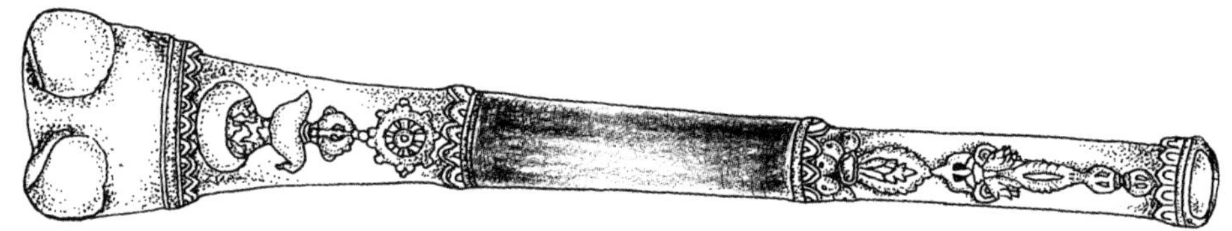

饰银镶宝骨干叮

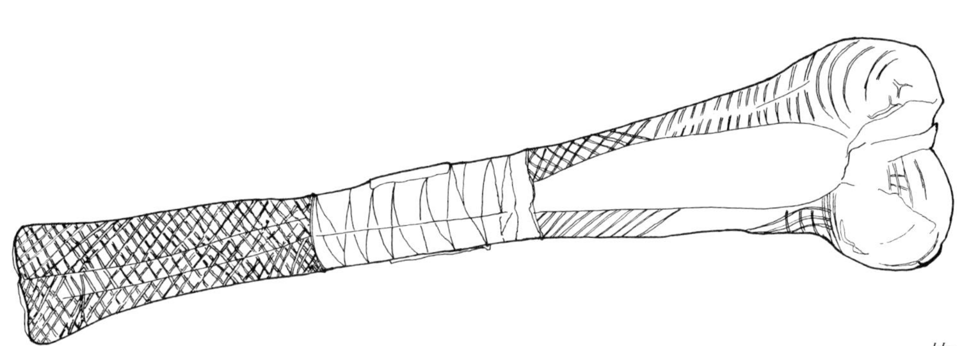

饰皮彩绘骨干叮

清
骨、皮
长34.4厘米　宽7厘米
原件藏于内蒙古博物馆

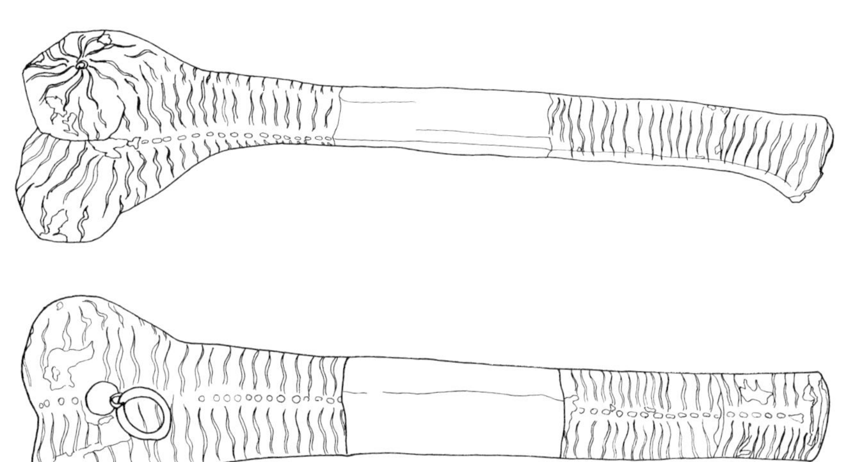

虎皮纹骨干叮

清
骨、皮
长35厘米　宽8.3厘米
原件藏于内蒙古博物馆

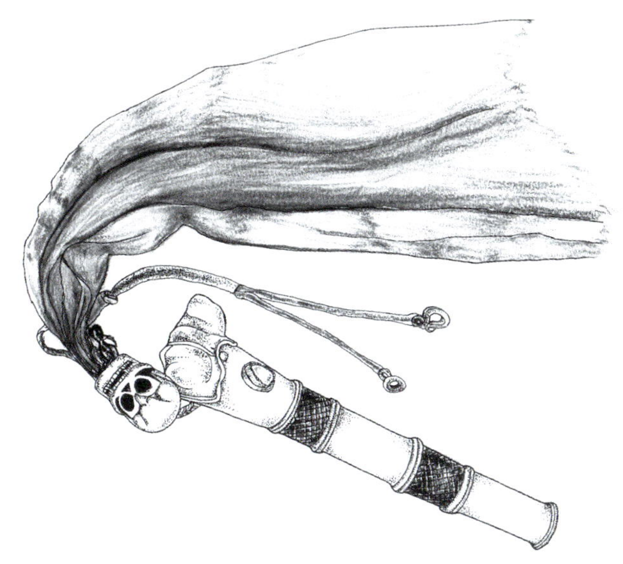

包银饰银骨干叮

骨干叮一组

内蒙古博物馆藏

海螺又称“冬嘎”，以天然白海螺镶银制成，平时用于寺庙召集喇嘛僧众开“早会”时吹奏，呜呜而鸣，声音悠远。在法会上，几十个法螺合吹，其声如波涛汹涌。按佛经说，释迦牟尼讲经时声音洪亮，如同大法螺声一样响彻四方，所以藏传佛教用它来代表法音。

海螺

清

贝

长34.5厘米　宽20厘米

原件藏于内蒙古博物馆

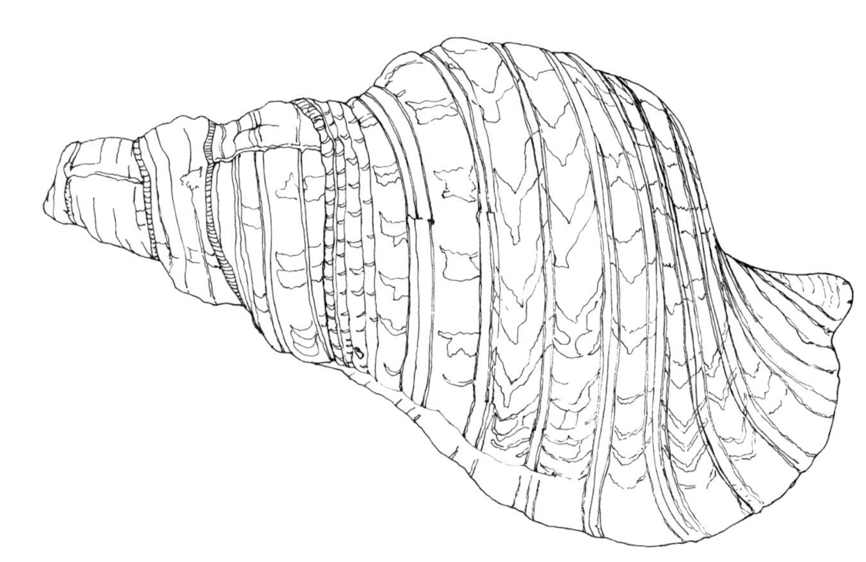

海螺二组

内蒙古博物馆藏

吹海螺的喇嘛

包龙纹银饰海螺

清
贝、银
长35厘米　宽8.3厘米
原件藏于内蒙古博物馆

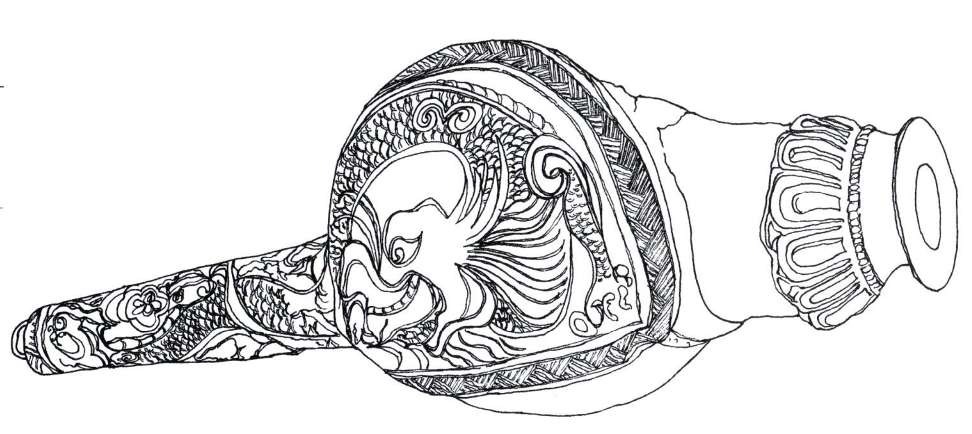

包八宝银饰海螺

清
贝、银
长28.6厘米　宽12.4厘米
原件藏于内蒙古博物馆

海螺

清
贝
长16.1厘米　宽10厘米
原件藏于内蒙古博物馆

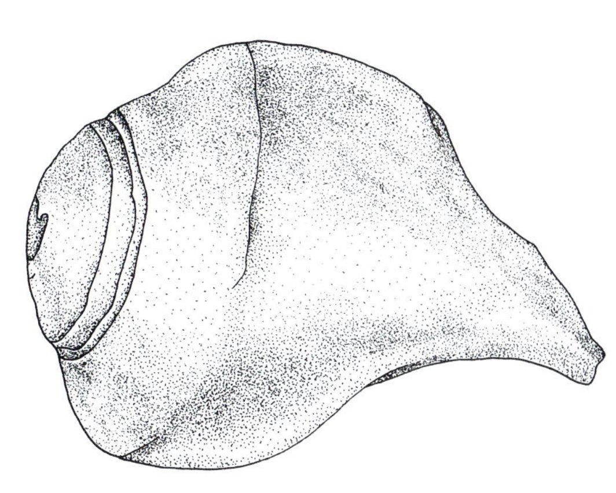

鼗鼓，藏语“达玛如”，指诵经时使用的一种手摇双面鼓。鼓的形状如两个底部对接的小碗，近似椭圆形鼓面，罩鹿皮、牛皮或羊皮。鼓腔相通为一体，对接处呈细腰状缠有手抓丝带和丝绸飘带，上多绣吉祥花卉图案。鼓上系有两个鼓坠，摇动时鼓坠撞击鼓面发出清脆之声。

彩绘头壁骨鼗鼓

清
骨、皮
高8.2厘米　长12.2厘米　宽11.9厘米
原件藏于内蒙古博物馆

头壁骨鼗鼓壁是由两块人头盖骨对顶粘接而成，两面蒙皮，其上彩绘宗教图案。中间接合部缠织金缎带，上缀小彩球为鼓槌。按照藏传佛教密宗经典规定，制作这种鼓要用16岁童男和12岁童女的头骨，蒙上猴皮。在法事活动时，与金刚铃等作伴奏乐器，平时供置于佛像前小桌子上。

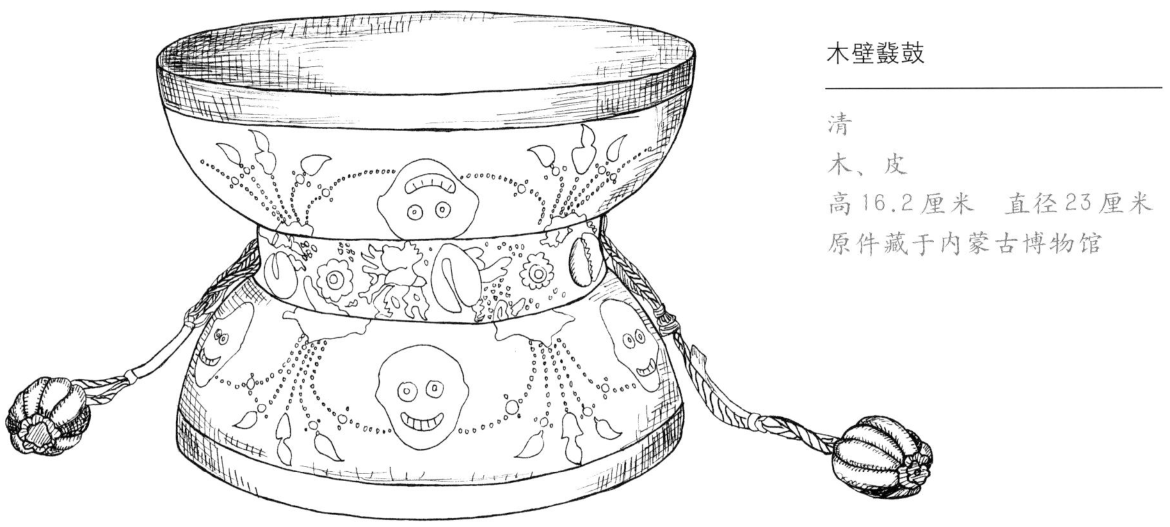

木壁鼗鼓

清
木、皮
高16.2厘米　直径23厘米
原件藏于内蒙古博物馆

鼗鼓

清
木、皮
高8.8厘米　长12.8厘米　宽11.6厘米
原件藏于内蒙古博物馆

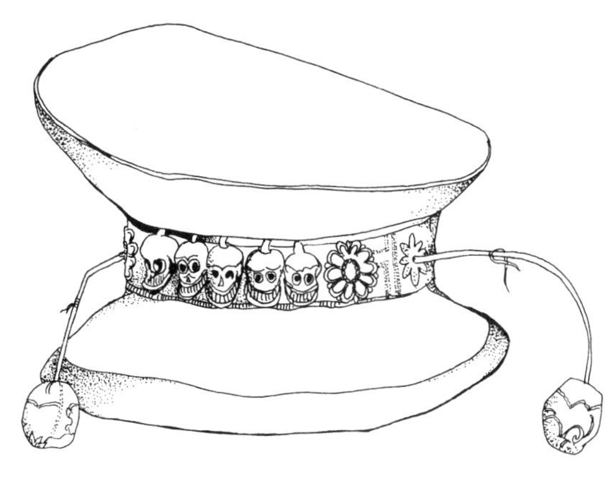

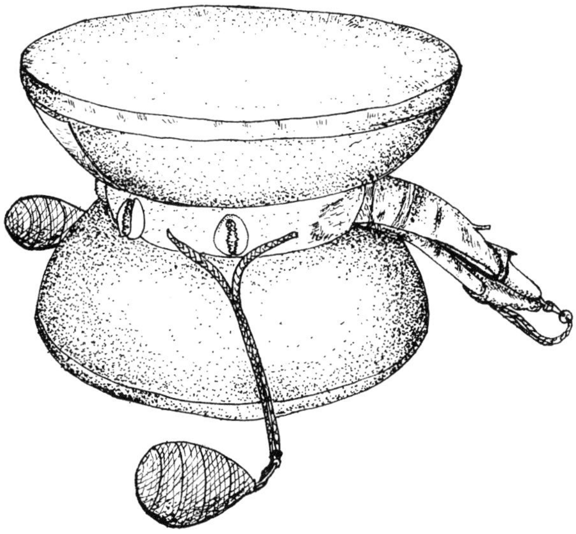

木壁鼗鼓

清
木、皮
高13.8厘米　直径18.3厘米
原件藏于内蒙古博物馆

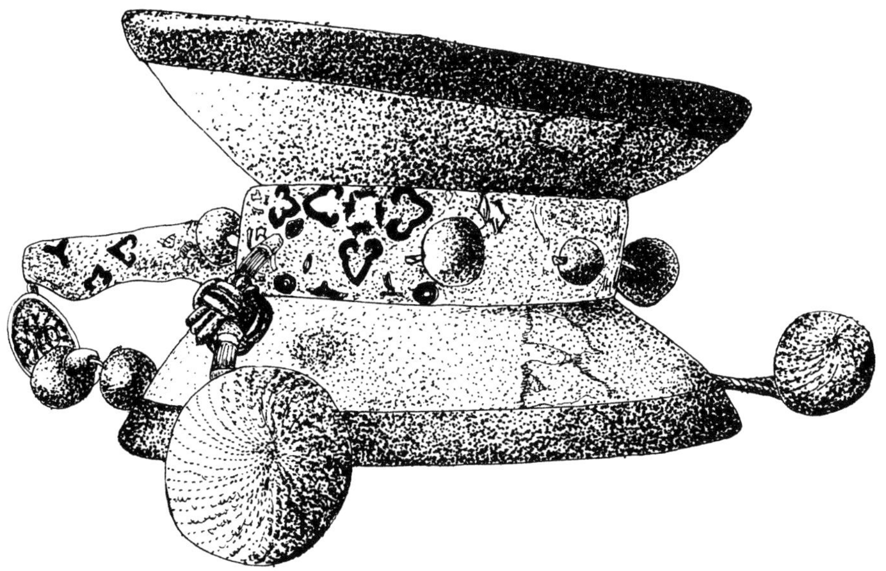

蒙皮面彩绘鼗鼓

清
木、皮
高14.2厘米　直径21.2厘米
原件藏于内蒙古博物馆

鼗鼓一组

内蒙古博物馆藏

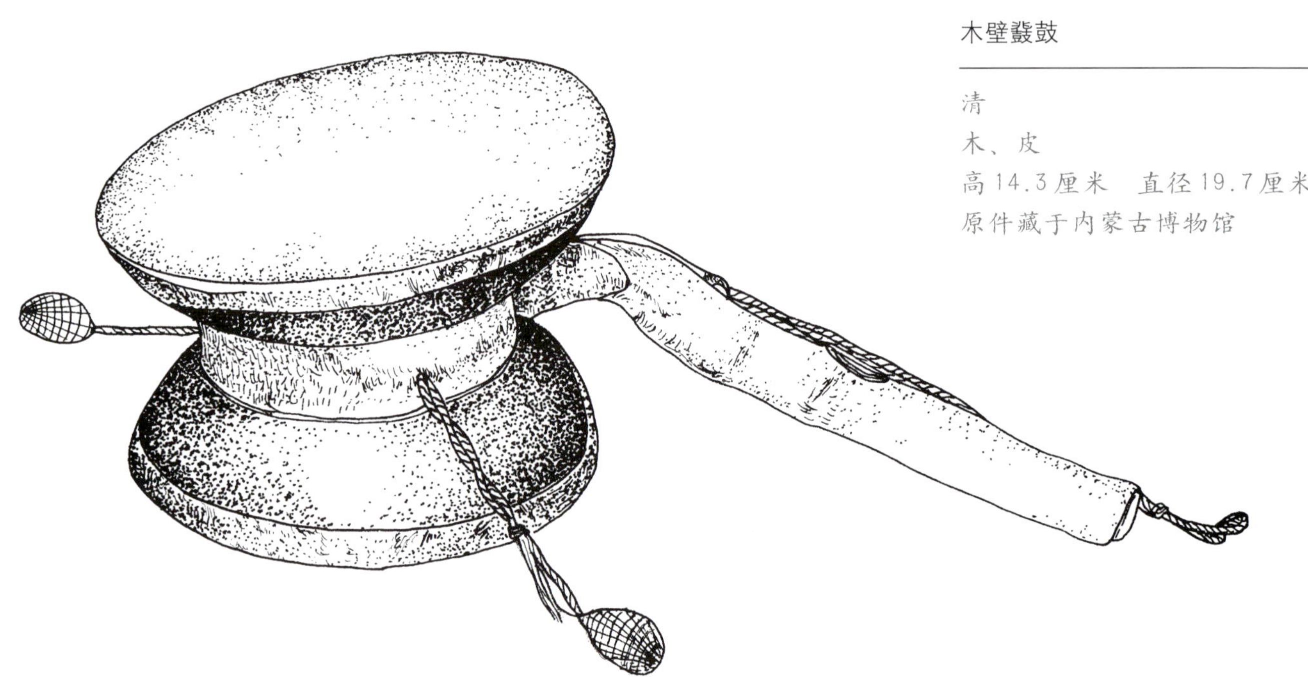

木壁鼗鼓

清
木、皮
高14.3厘米　直径19.7厘米
原件藏于内蒙古博物馆

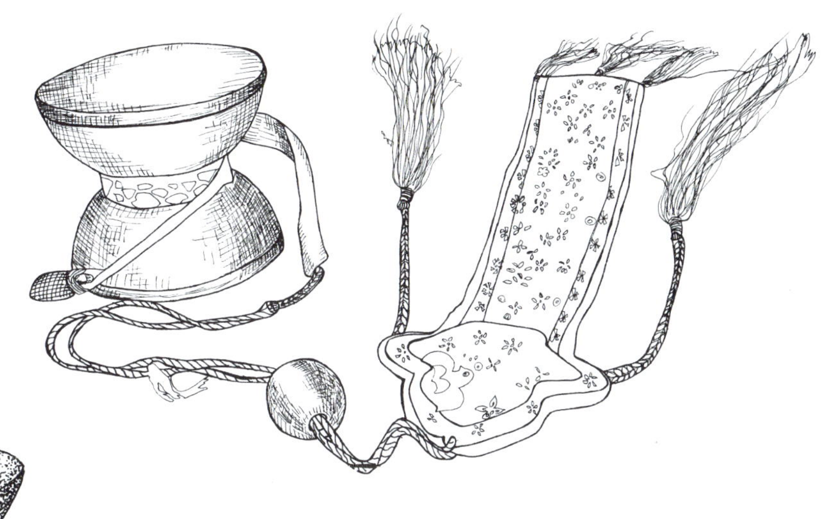

吉祥纹飘带木壁䪚鼓

近代
木、皮
高7.4厘米　直径9.4厘米
原件藏于内蒙古博物馆

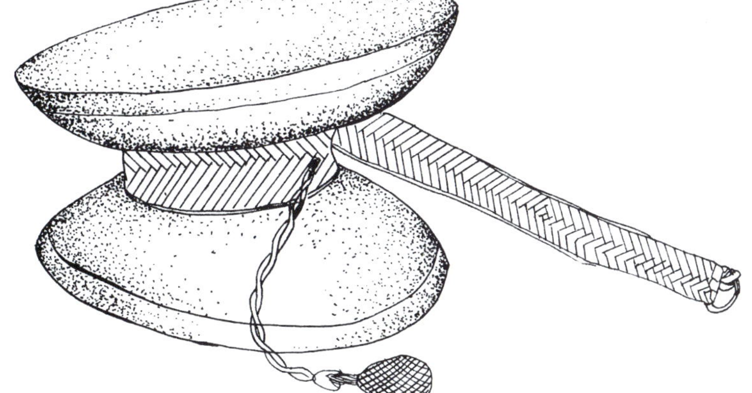

木壁䪚鼓

近代
木、皮
高8厘米　直径9.4厘米
原件藏于内蒙古博物馆

持手鼓念经的喇嘛

彩绘二龙戏珠牛皮扁鼓

清

木

高28厘米　鼓面直径50.5厘米

内蒙古博物馆藏

蒙皮彩绘大威德金刚面木柄扁鼓

清
木
高55.5厘米　鼓面直径36厘米　厚8厘米
内蒙古呼和浩特市征集
内蒙古博物馆藏

圆形扁鼓，下有莲瓣纹木执柄。木质鼓框，两面蒙羊皮，其上两面均彩绘大威德金刚面纹。此鼓应为寺庙大威德法会专用的乐器。

持木柄扁鼓的喇嘛

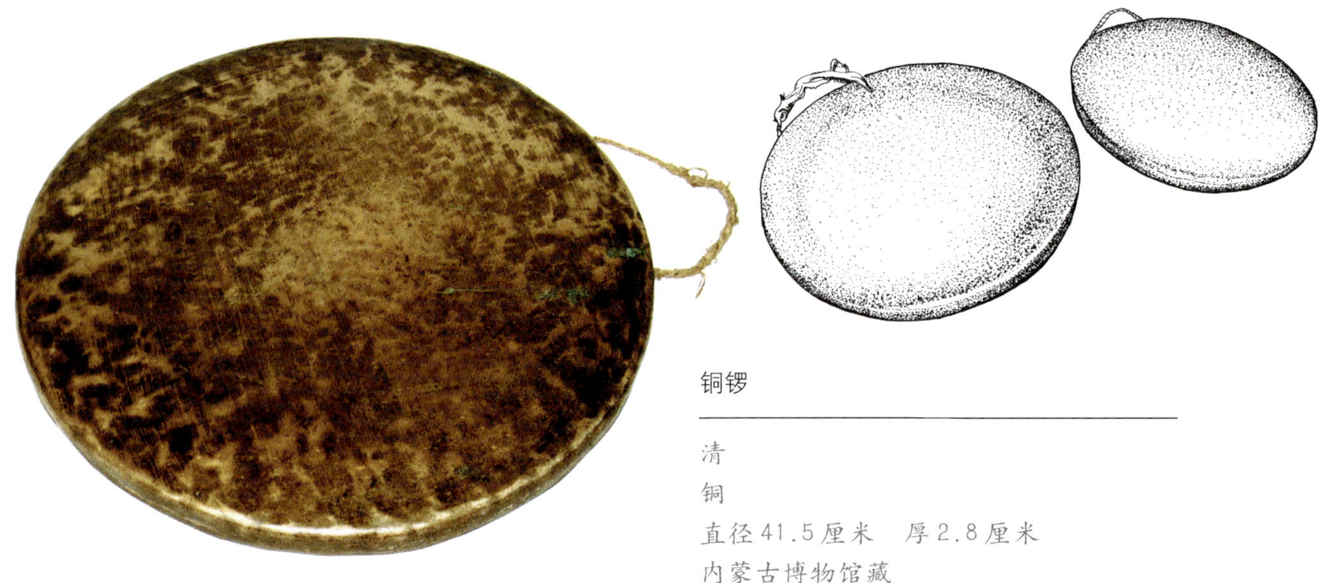

铜锣

清
铜
直径41.5厘米　厚2.8厘米
内蒙古博物馆藏

又称“哈郎嘎”。形如铜盘，折边，锣体厚重。用作召集喇嘛众僧集合。

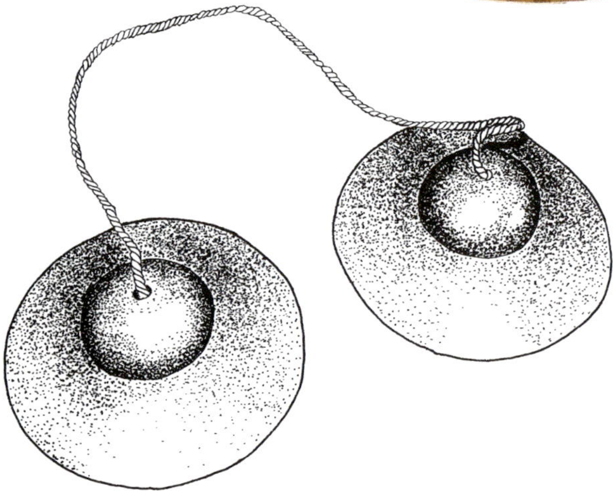

铜钹

清
铜
直径26.2厘米　厚6.5厘米
内蒙古博物馆藏

外周为圆形，盘边微上翘，中部脐凸出如半球形，脐中心处有圆形穿孔，内穿生皮条执手，两盘形制相同。为喇嘛教法事活动中使用的乐器。

小铜钹

清

铜

直径8厘米　厚2.8厘米

内蒙古博物馆藏

圆形宽沿，中部为脐。脐之中心有圆形穿孔，内穿皮绳作执手。为跳查玛时的伴奏乐器。

铜铙

清

铜

直径47厘米　厚27.5厘米

内蒙古博物馆藏

敲铜铙铜钹的喇嘛

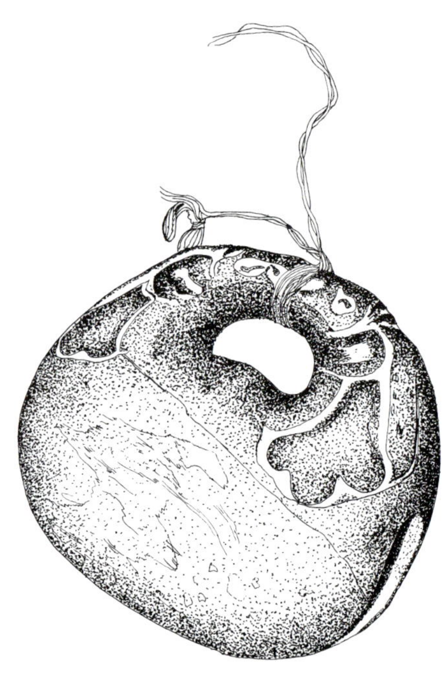

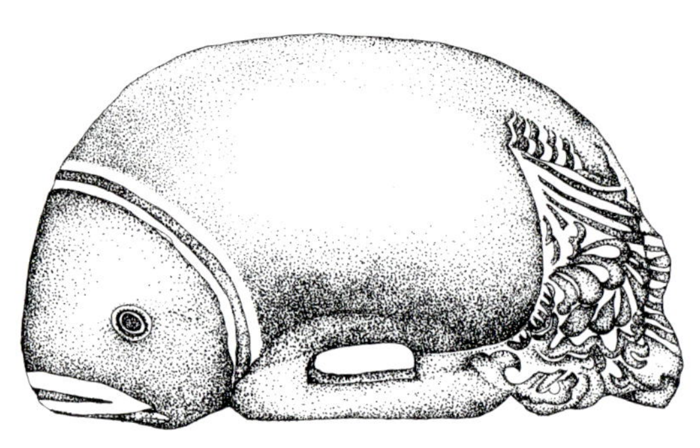

木鱼

木鱼

清

木

长14.4厘米　宽16.9厘米

原件藏于内蒙古博物馆

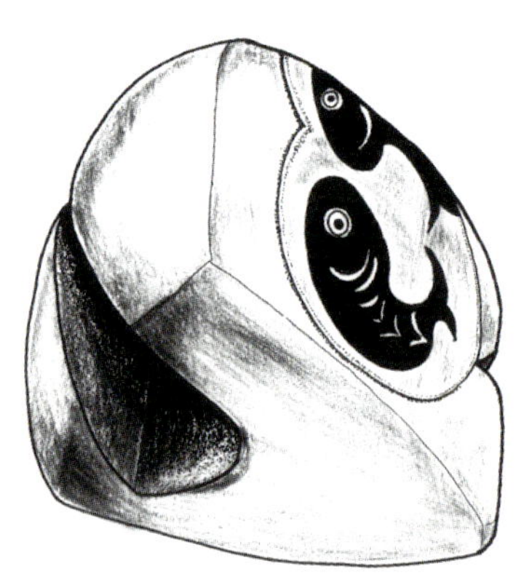

木鱼

近代

木

长6.2厘米　宽6.3厘米

原件藏于内蒙古博物馆

敲木鱼的喇嘛

清代寺庙喇嘛奏乐图

笙和管为喇嘛教寺院“经箱乐”中使用的乐器，也是汉传佛教常用的乐器之一。经箱乐是指由喇嘛乐师班在民间丧事上演奏的器乐曲，并有一套固定的演奏曲牌，有些寺院只有笙、管和笛三种主奏乐器。经箱乐主要流传于蒙古地区东部的蒙古贞、科尔沁一带。

管子

清

木

长17.8厘米　口径1.9厘米

内蒙古博物馆藏

笙

清

铜、木

高45.3厘米　宽15厘米

内蒙古博物馆藏

清代喇嘛寺庙陈设的乐器

肆 喇嘛教造像

藏传佛教是指公元7世纪在西藏地区形成的以藏语为载体的佛教，它分为显密二宗。其教派众多，教理繁奥，神祇庞杂，没有形成完整的体系。

藏传佛教神祇众多，除了佛教显宗诸佛、菩萨外，还包括西藏本地原有的苯教神祇以及各教派和寺庙的众多的守护神和祖师，很难统计出确切的数字，一般认为藏传佛教的神祇大约有数千之多，最常见的也有数百尊。

藏传佛教中各种尊像都是严格依据经典的仪轨而制作的。在藏文和梵文经典中都有关于造像的典章，如大藏经中所谓的"三经一疏"的"工巧明"，即《造像量度经》、《佛说量度经疏》、《绘画量度》、《造像量度》，这些经典对佛菩萨、护法诸神的造像身相、画法的比例有严格的要求，不可逾越。

明、清时期，藏传佛教造像由于受到内地的影响，更接近于规整、严密，并趋于定型。清乾隆时，西蕃学总管蒙古族工布查布将《造像量度经》译为汉文，并在此基础上又撰写经解和续补，成为造像必须遵循的工具书，直至现在仍然作为研究藏传佛教造像艺术的重要经典。

在藏传佛教不仅有与汉地佛教相同的显宗造像，还有大量内地佛教不具备的密宗佛像。名目繁多的各神祇，一般可归纳为佛部、菩萨部、佛母部、护法诸神。

一、佛

佛的造像一般姿态庄重，结跏趺坐，手持法器或呈各种手印。身披大衣，顶有肉髻，肉髻上有一颗象征悟道成就的摩尼宝珠，称为顶严。同时，佛也可变为多面多臂、表情凶恶、周身火焰的忿怒相。按照密宗的说法，佛、菩萨都有两身，一为真实身，二为威猛愤怒身。

二、菩萨

菩萨在佛教造像中仅次于佛的阶次，他的功能是辅助佛弘扬教化。藏传佛教的菩萨亦分显密两大类。一般为天男相或天女相，面目清秀，头戴宝冠，装饰华丽。藏传佛教众多菩萨中，以八大菩萨组合最为多见。常见正中供奉释迦牟尼，左右侍立文殊菩萨、大势至菩萨、观音菩萨、地藏菩萨、除盖菩萨、虚空菩萨、弥勒菩萨、普贤菩萨。

三、佛母、度母

度母也是藏侍佛教中常见的供奉神祇，也称为多罗菩萨，为女性菩萨，共有21种，佛母亦为女性尊，这些女神有属男性神祇的分配偶或胁侍，也有属护法部的呈忿怒面孔的女神。

四、护法

护法神是维护佛教教义之神，都属护卫的神祇。面目多狰狞可怖，或人兽合体，手持各种武器。

一　佛造像

释迦牟尼坐像

明

铜

高 24.2 厘米　底长 12.2 厘米

底宽 9 厘米

内蒙古自治区通辽博物馆藏

释迦牟尼坐像

清

铜

高 35 厘米　底长 23.5 厘米

底宽 17 厘米

北京首都博物馆藏

释迦牟尼坐像

清
铜
高19厘米　底长15厘米
底宽10.2厘米
内蒙古博物馆藏

释迦牟尼坐像

清
铜
高33厘米　底长25厘米
底宽17厘米
内蒙古博物馆藏

无量寿佛坐像

明
铜
高 26 厘米　底长 20 厘米
底宽 14 厘米
内蒙古自治区通辽博物馆藏

无量寿佛坐像

清
铜
高 22 厘米　底长 14.3 厘米
底宽 9.8 厘米
内蒙古博物馆藏

无量寿佛坐像

清

铜

高17.5厘米　底长11.5厘米　底宽8厘米

内蒙古博物馆藏

无量寿粉彩佛坐像

清

瓷

高30厘米　底座长21.5　底座宽16.5厘米

内蒙古博物馆藏

长寿佛坐像

清

铜

高 18 厘米　底长 11.5 厘米　底宽 7 厘米

内蒙古博物馆藏

铜鎏金祖师立像

清
铜
高96厘米 佛高84.5厘米
内蒙古自治区赤峰市喀喇沁王府博物馆藏

铜鎏金上师像

清
铜
高 23 厘米　底长 17.4 厘米
底宽 12.3 厘米
内蒙古自治区通辽博物馆藏

铜鎏金上师像

清
铜
高 24.5 厘米　底长 17.8 厘米
底宽 12 厘米
内蒙古自治区通辽博物馆藏

铜鎏金上师坐像

清
铜
高 17.5 厘米　底长 11.8 厘米
底宽 8.6 厘米
内蒙古自治区通辽博物馆藏

宗喀巴大师像

清
铜
高 17 厘米　底长 11.3 厘米　底宽 8.8 厘米
内蒙古博物馆藏

铜鎏金菩萨立像

元
铜
高58厘米　底长23.5厘米
底宽16.5厘米
北京首都博物馆藏

鎏金铜菩萨像

元
铜
高38厘米
内蒙古博物馆藏

菩萨装弥勒佛坐像

清
铜
高22.6厘米　底长13.5厘米　底宽9.6厘米
内蒙古自治区通辽博物馆藏

鎏金四臂观音像

明
铜
高25.5厘米　底长17.8厘米　底宽12.8厘米
内蒙古博物馆藏

金四臂观音像

清
铜
高18.5厘米　底长11厘米　底宽7.3厘米
内蒙古博物馆藏

铜鎏金观音像

明
铜
高14.8厘米　底长10.6厘米
底宽8.5厘米
内蒙古自治区通辽博物馆藏

观音菩萨像

清
铜
高9厘米　底径5.3厘米
内蒙古大学民族博物馆藏

青花送子观音像

清
瓷
高31厘米　宽14.1厘米
内蒙古博物馆藏

文殊菩萨像

内蒙古博物馆藏

白釉青花观音菩萨坐像

清
瓷
高20.3厘米　宽15.4厘米
内蒙古博物馆藏

铜鎏金十一面观音立像

清

铜

高24厘米　底长14.7厘米　底宽4.2厘米

北京首都博物馆藏

绿度母像

内蒙古博物馆藏

绿度母像

明

铜

高25厘米　底长15.5厘米　底宽11厘米

内蒙古自治区通辽博物馆藏

绿度母像

明

铜

高16.6厘米　底长12厘米　底宽8厘米

内蒙古博物馆藏

白度母像

清
铜
高17厘米　底长13厘米　底宽9.2厘米
内蒙古博物馆藏

尊胜佛母像

清
铜
高18.3厘米　底长13厘米　底宽8.6厘米
内蒙古博物馆藏

密集金刚像

明

铜

高23厘米　底长19.5厘米　底宽9厘米

内蒙古自治区通辽博物馆藏

大威德金刚像

内蒙古自治区通辽博物馆藏

大威德金刚像

清

铜

高14.5厘米　底长14厘米　底宽4.2厘米

内蒙古自治区通辽博物馆藏

大威德金刚像

清

铜

高17厘米　底长18厘米　底宽6.7厘米

内蒙古博物馆藏

胜乐金刚像

清
铜
高 17 厘米　底座长 12.5 厘米
底座宽 6 厘米
内蒙古博物馆藏

金刚手像

清
铜
高 18 厘米　底长 14 厘米　底宽 8 厘米
内蒙古博物馆藏

胜乐金刚像

清
铜
高17厘米　底长13.5厘米
底宽8.7厘米
内蒙古博物馆藏

金刚手像

清
铜
高17厘米　底座长14厘米　底座宽6.7厘米
内蒙古博物馆藏

持金刚像

明
铜
高27厘米　底座长21厘米
底座宽13.5厘米
内蒙古自治区通辽博物馆藏

铜鎏金财宝天王像

清
铜
高18厘米　底座长12.7厘米
底座宽7.5厘米
内蒙古博物馆藏

财宝天王立像

清
铜
高18厘米　底座长13厘米　底座宽6.7厘米
内蒙古博物馆藏

大黑天像

清

铜

高21.3厘米　底座长10.5厘米

底座宽9.8厘米

内蒙古博物馆藏

大黑天像

大自在天王像

内蒙古自治区通辽博物馆藏

摩利支天像

内蒙古自治区通辽博物馆藏

吉祥天母像

内蒙古博物馆藏

铜鎏金骑羊护法像

清

铜

高8.5厘米

内蒙古自治区通辽博物馆藏

铜鎏金空行母像

清

铜

高16.5厘米

内蒙古自治区通辽博物馆藏

铜鎏金狮面空行母像

清
铜
高19.5厘米　底长8.5厘米
底宽7.9厘米
内蒙古博物馆藏

熊面空行母像

能食空行母像

内蒙古自治区通辽博物馆藏

二　佛龛擦擦

佛龛藏语称为“噶乌”。汉语意为护身符，一般为银或铜制成的小盒，外表錾刻精美图案，有的还镶嵌各类宝石，内装泥或金属制成的小佛，信徒们随身携带，也有供奉在家中，以祈佛法佑护。在清代也有王公贵族将它戴在发髻中，也是官员地位的标志。

释迦牟尼佛龛

清

铜

高28.1厘米　长12厘米　宽8.1厘米

内蒙古自治区通辽博物馆藏

宗喀巴佛龛

清

铜

高11厘米　宽10.5厘米　厚4厘米

内蒙古博物馆藏

宗喀巴佛龛

清

铜

高26厘米　宽20厘米　厚10.3厘米

内蒙古博物馆藏

吉祥天母佛龛

清
铜
高7.7厘米　宽6.5厘米
内蒙古大学民族博物馆藏

莲花生佛龛

清
木
高14厘米　宽9厘米　厚1.8厘米
内蒙古大学民族博物馆藏

白财神佛龛

清

铜

高8.9厘米　宽7厘米　厚2.2厘米

内蒙古博物馆藏

密集金刚龛

清

铜、泥

高7.7厘米　宽6.5厘米

内蒙古大学民族博物馆藏

绿度母龛

清
铜、泥
高5.4厘米
内蒙古大学民族博物馆藏

释迦牟尼龛

清
铜
高4厘米　宽3.4厘米
内蒙古大学民族博物馆藏

白度母木佛龛

近代
木、铜
高23.8厘米　宽25.1厘米　厚17厘米
内蒙古博物馆藏

金刚萨埵龛

清
铜
高7.7厘米　宽6.5厘米
内蒙古大学民族博物馆藏

擦擦一词是藏语，是对泥模浮雕佛像梵语的音译。源于古代印度中北部方言。是藏传佛教中一种用凹型模具，捺入软泥等材质，压制成型脱范而出的模制小型泥佛或佛塔，至今在藏区都称这种泥质佛像为“擦擦”。

擦擦是泥制佛像，也有等级之分，从最普通的泥擦到用高僧们的骨灰或药水和泥做成的优质擦擦，一般分泥擦、骨擦、布擦和药擦等。擦擦虽然是泥模制品，但其忠实遵造像仪轨制作，成为藏传佛教图像学及其艺术风格传播的重要载体。

绿度母擦擦

清
泥
直径3.1厘米
内蒙古大学民族博物馆藏

释迦牟尼擦擦

清
泥
高3.7厘米　宽2.8厘米
内蒙古大学民族博物馆藏

白度母擦擦

清
泥
直径3.3厘米
内蒙古大学民族博物馆藏

擦擦模具

清
木
高12.5厘米　底长6.1厘米　底宽5.1厘米
内蒙古大学民族博物馆藏

擦擦模具

清
铁
高9厘米　宽8厘米　厚3厘米
内蒙古博物馆藏

擦擦模具

清
铜
高4.3厘米　口径3.3厘米
内蒙古大学民族博物馆藏

三 唐卡

唐卡系藏语译音，最初是一种写在布上的文告，后来演变成一种用锦缎装裱的布轴画。这种布轴画主要是为了藏传佛教的供奉而制作的，大量被悬挂在寺院或私人的经堂中。唐卡的形制多为竖条长幅，大小无定制，有十余厘米长的微型唐卡，也有长达百米的宏幅巨制。作画芯所用布或绘面需经过胶水和黏土特别处理，用卵石打磨光滑后才能使用。此外，画芯的制作除绘制外，还有刺绣、织锦、镶缎、补

描金班禅唐卡

清

布

长55厘米　宽37.8厘米

内蒙古自治区包头博物馆藏

绣、缂丝、串珠、印刷等工艺。唐卡四边镶缀锦缎边框，背面以绢帛托裱，上下加硬木轴心，并配有轴头。

唐卡画以反映宗教活动的内容为主，如佛像、菩萨像、佛陀本生等，也有圣者佛记、神话故事以及世俗生活的题材。唐卡喜用浓重的底色衬托画面主题，因此又有黑唐卡、蓝唐卡、绿唐卡、银唐卡之分，使画面产生或庄重高贵或明朗轻快的不同效果。

释迦牟尼传唐卡

清
麻布
长74.5厘米　宽51厘米
内蒙古自治区包头博物馆藏

阿底峡唐卡

清

麻布

高 82 厘米　宽 51.6 厘米

内蒙古自治区包头博物馆藏

宗喀巴大师唐卡

内蒙古自治区包头博物馆藏

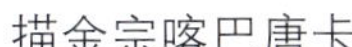
描金宗喀巴唐卡

清
布
长 66.6 厘米　宽 44 厘米
内蒙古自治区包头博物馆藏

大日如来唐卡

内蒙古自治区包头博物馆藏

描金宗喀巴唐卡

清
麻布
长66厘米　宽44.5厘米
内蒙古自治区包头博物馆藏

宗喀巴本生故事唐卡

内蒙古自治区包头博物馆藏

无量寿佛唐卡

清
绢
长61.2厘米　宽37.7厘米
内蒙古自治区包头博物馆藏

无量寿佛唐卡

清
绢
长72.3厘米　宽45.7厘米
内蒙古自治区包头博物馆藏

无量寿佛唐卡

内蒙古自治区包头博物馆藏

无量寿佛唐卡

内蒙古自治区包头博物馆藏

无量寿佛唐卡

清
麻布
长81.7厘米　宽64.8厘米
内蒙古自治区包头博物馆藏

宝生佛唐卡

内蒙古自治区包头博物馆藏

观音菩萨唐卡

内蒙古自治区包头博物馆藏

药师佛唐卡

内蒙古自治区包头博物馆藏

描金尊胜佛母唐卡

清
麻布
长87厘米　宽58.7厘米
内蒙古自治区包头博物馆藏

白度母唐卡

清
麻布
长119厘米　宽90.7厘米
内蒙古自治区包头博物馆藏

白度母唐卡

清
麻布
长53厘米　宽36.4厘米
内蒙古自治区包头博物馆藏

白度母唐卡

清
麻布
长53厘米　宽36.4厘米
内蒙古自治区包头博物馆藏

大黑天唐卡

内蒙古自治区包头博物馆藏

大黑天唐卡

内蒙古自治区包头博物馆藏

六臂护法唐卡

清
粗布
长59.5厘米　宽43.8厘米
内蒙古自治区包头博物馆藏

轮回图唐卡

内蒙古自治区包头博物馆藏

描金八塔唐卡

清
麻布
长 59.8 厘米　宽 40.4 厘米
内蒙古自治区包头博物馆藏

贞惠仙女唐卡

清
布
长 65 厘米　宽 44 厘米
内蒙古博物馆藏

十六罗汉唐卡

清
麻布
长50厘米　宽36厘米
内蒙古博物馆藏

供养人唐卡

清
麻布
高176厘米　宽95厘米
内蒙古博物馆藏

坛城唐卡

清
布
长44厘米　宽40.5厘米
内蒙古博物馆藏

四　佛塔

木佛塔

清

木

高27厘米　底长13.5厘米　底宽13.5厘米

内蒙古博物馆藏

正面

鎏金铜佛塔

清

铜

高13.8厘米　底长7.5厘米　底宽7.5厘米

内蒙古大学民族博物馆藏

鎏金镶宝铜佛塔

清

铜

高22.3厘米　底长11.4厘米　底宽11.4厘米

内蒙古博物馆藏

鎏金铜佛塔

银佛塔

伍 喇嘛教文化的印记

蒙古族在长期的游牧生活中所创造的光辉灿烂的文化是源远流长的。其文化继承并发展了众多曾生活在这片广袤草原上的各个民族的优秀文化传统，具有鲜明的游牧文化特点。由于自然环境、生活方式等诸因素，萨满教文化对蒙古族文化的形成和发展产生的影响是巨大的。13世纪之后，佛教和藏族文化相结合形成的喇嘛教，从这一时期开始进入蒙古社会当中，逐渐取代了萨满教的主导地位。尤其是蒙古族统治者大力推崇喇嘛教之后，萨满教这一传统宗教受到了致命的打击，逐渐淡出了人们的视野。14世纪中后期，蒙古统治者大力支持喇嘛教，并采取了一系列扶持喇嘛教的政策，喇嘛教最终取代了萨满教的特殊地位，但萨满教的影响并没有消失殆尽。它所尊崇的神灵，以及由此给蒙古社会带来的影响已植根于蒙古族的生活之中。但喇嘛教也远不是原汁原味的喇嘛教，它在影响蒙古族文化的同时，自身也在发生着变化，其中最明显的是接受了源于萨满教的一些观念和教理，如天神、火神、敖包神及成吉思汗崇拜等神祇，是喇嘛教本身以前所没有的。

明清时期，藏传佛教无孔不入地渗入蒙古人的思想和生活，蒙古族的风俗习惯等无不打上藏传佛教的烙印。从蒙古族社会生活的变化中，我们可以清晰地看出喇嘛教文化不论对礼仪习俗、婚嫁习俗、丧葬习俗、饰物佩戴、家居布置、姓氏习俗等方面，而且对各种生活器皿的纹饰上都打上了浓郁的喇嘛教文化的符号。

一　衣着饰品的佩带及纹样

石青缎绣蟒袍

清

缎

身长148厘米　两袖通宽220厘米

内蒙古博物馆藏

石青锦缎绣团龙纹朝褂

清

缎

身长134.5厘米　两袖通宽217厘米

内蒙古博物馆藏

头围后部以八宝纹装饰

银鎏金錾八宝纹头饰

清
银、珊瑚
通长40厘米
饰件直径2.3厘米
内蒙古博物馆藏

鎏金錾宝杵纹头饰

元

银

单件长7.5厘米

内蒙古博物馆藏

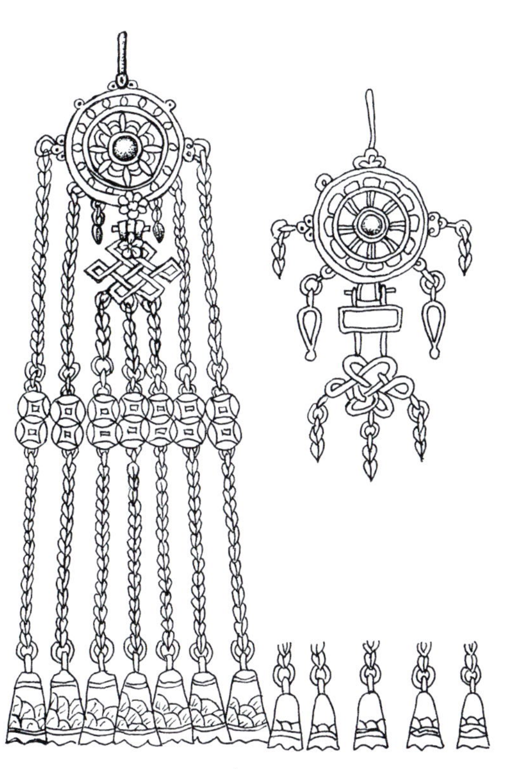

左

右

錾法轮双鱼纹耳饰

清

银

左长22厘米　右长18厘米

原件藏于内蒙古博物馆

莲瓣纹盒挂饰

清

银

通长42厘米　直径6厘米

原件藏于内蒙古自治区通辽博物馆

镶宝莲瓣纹盒挂饰

清

银

通长40厘米　直径6.8厘米

原件藏于内蒙古博物馆

錾法轮纹银项饰

清
银
通长45.5厘米　直径8.9厘米
内蒙古大学民族博物馆藏

宝杵纹金盒

元

金

直径6.5厘米　厚1.8厘米

原件藏于内蒙古博物馆

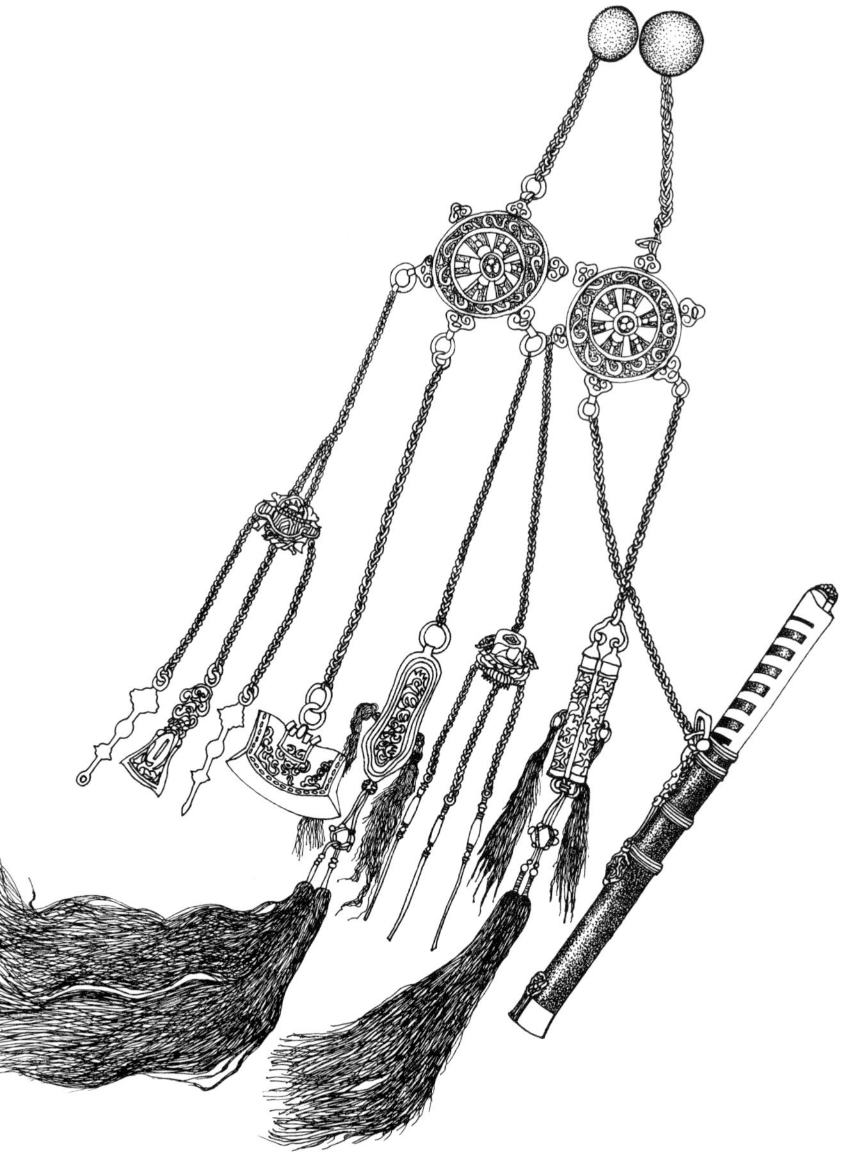

錾法轮纹银挂饰

清

银、骨

通常80厘米　饰件直径8厘米

原件藏于内蒙古博物馆

镶法轮纹骨鼻烟壶

錾八宝纹银鼻烟壶

黑缎绣法轮纹褡裢

近代

缎

长53.5厘米　宽19厘米

原件藏于内蒙古博物馆

二 饮食器皿的造型与纹饰

高莲瓣足银盘

清
银
高9.3厘米 口径25.4厘米
底径17.5厘米
内蒙古博物馆藏

莲瓣沿铜托盘

清
铜
高3.1厘米　口径39.5厘米
内蒙古博物馆藏

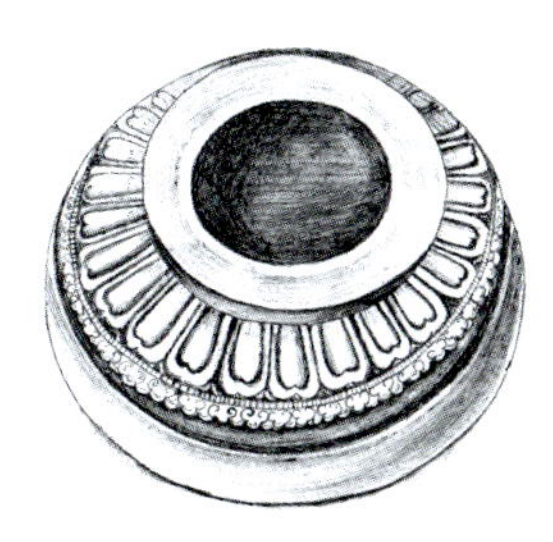

錾莲瓣纹银碗

清
银、木
高5.8厘米　口径12.2厘米
底径7.4厘米
原件藏于内蒙古博物馆

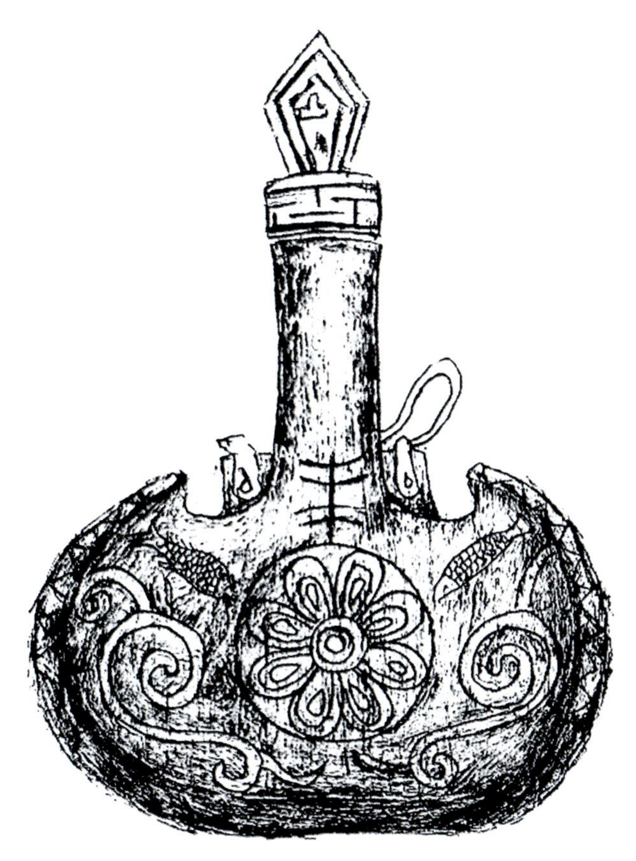

莲瓣纹皮囊壶

近代
皮、木
原件藏于内蒙古博物馆

局部

高莲足龙柄铜壶

清
铜
通高 29 厘米　宽 27 厘米
腹径 18.5 厘米　足径 12.4 厘米
原件藏于内蒙古博物馆

高莲足龙柄银酒壶

清
银
通高 16.5 厘米　宽 21 厘米
底径 7.5 厘米
内蒙古博物馆藏

僧帽沿东布壶

清

铜

高29.8厘米　宽24厘米

内蒙古博物馆藏

錾莲瓣龙纹铜壶

清

铜

通高29.9厘米　口径13厘米　底径15厘米

原件藏于内蒙古博物馆

錾莲瓣龙纹铜壶

八宝纹铜锅

清
铜
高 17.8 厘米　口径 30 厘米
内蒙古博物馆藏

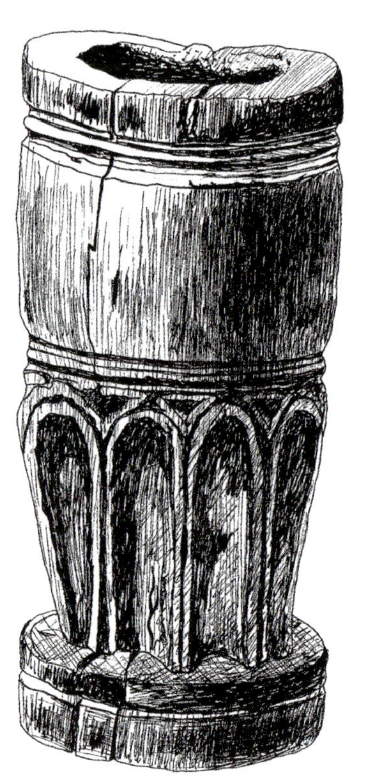

木雕莲瓣纹捣茶罐

清
木
高 13 厘米　口径 12.2 厘米
底径 12.8 厘米
原件藏于内蒙古阿拉善盟阿左旗文管所

木雕莲瓣纹捣茶罐

近代
木
高25.6厘米 口径14厘米
底径15厘米
原件藏于内蒙古博物馆

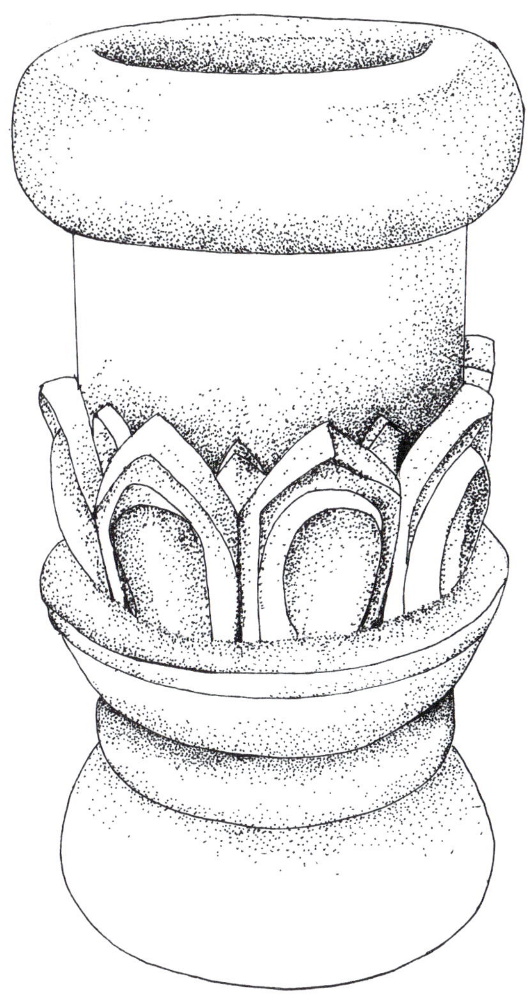

蒙古包内祭灶的牧人

三　居所陈设与家具纹饰

彩绘法轮纹蒙古包门饰

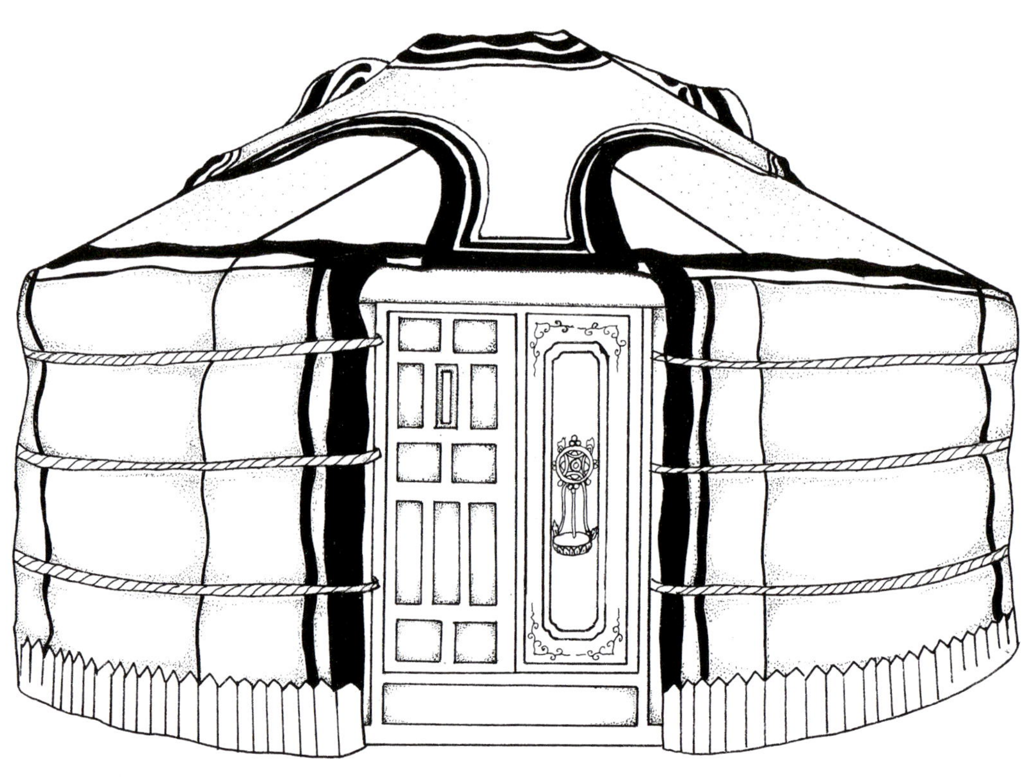

雕法轮纹蒙古包顶饰

牧民毡帐内供奉的喇嘛教佛像

彩绘双龙福寿纹佛龛

清
木
高56.5厘米　长71.5厘米
宽30厘米
内蒙古大学民族博物馆藏

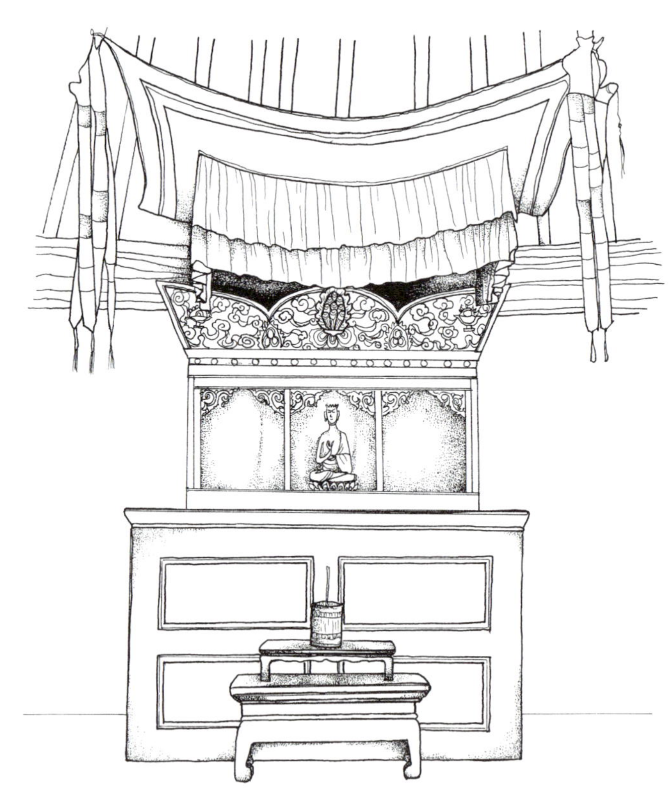

蒙古包内供奉的佛像

蒙古包内供奉的喇嘛教佛像

木佛龛

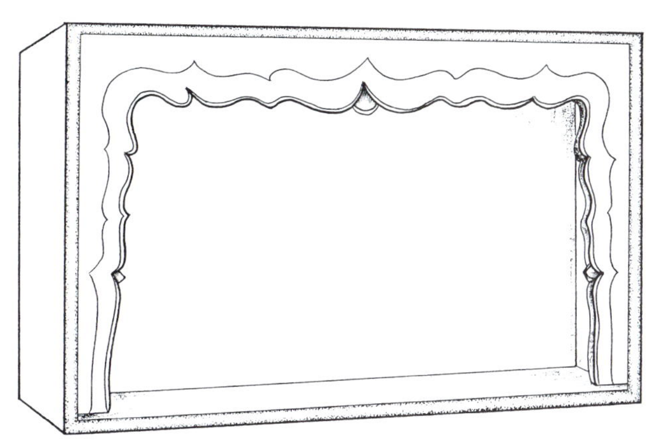

彩绘龙寿纹柜

清
木
长79.5厘米　宽39厘米　高93.5厘米
内蒙古大学民族博物馆藏

祭祀桌

近代
木
高16.5厘米　长31.5厘米
宽19.5厘米
原件藏于内蒙古师范大学博物馆

八宝纹小炕柜

近代

木

高18厘米　长34厘米　宽17厘米

原件藏于内蒙古博物馆

顶面、侧面图案

四 娱乐其他类

木雕莲瓣足蒙古象棋

清
木
单件高3.5～7厘米
内蒙古博物馆藏

彩绘莲瓣纹蒙古象棋盒

近代
木
长66.5厘米　宽66.5厘米
厚4厘米
原件藏于内蒙古博物馆

方桌式棋盘彩绘蒙古象棋

清

木

单件高2.5～4厘米

棋桌高28.5厘米　长32厘米

内蒙古博物馆藏

莲瓣纹装饰象棋桌

木刻法轮纹娱乐牌

近代

竹

单片长4.1厘米　宽2厘米

厚0.6厘米

原件藏于内蒙古博物馆

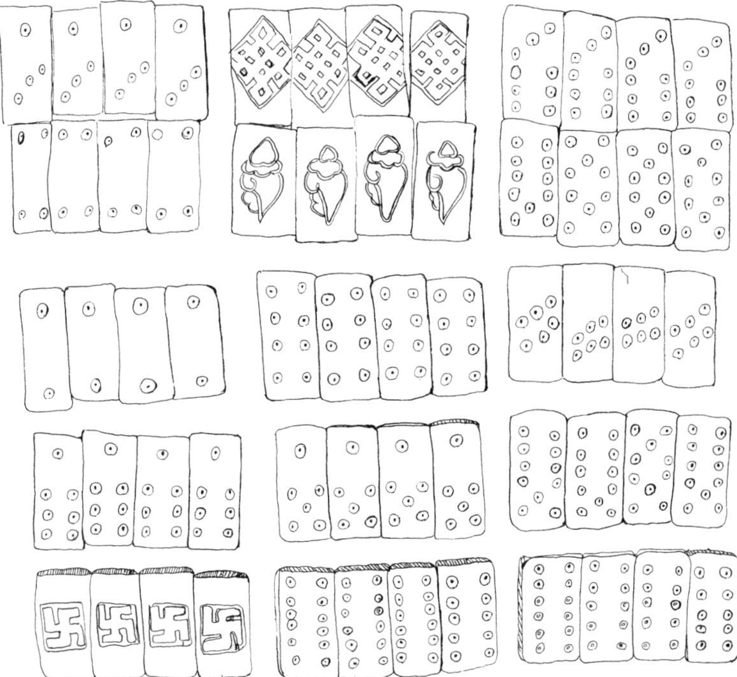

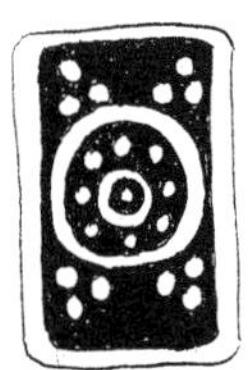

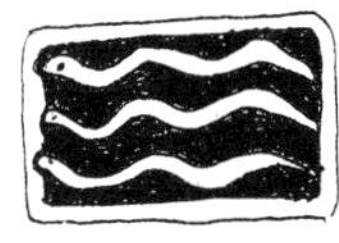

木刻法轮纹诺尔布

近代

木

单片长3.6厘米　宽2.2厘米　厚0.6厘米

原件藏于内蒙古博物馆

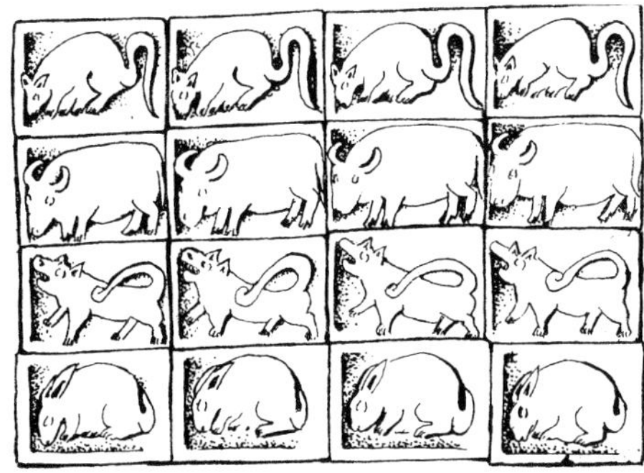

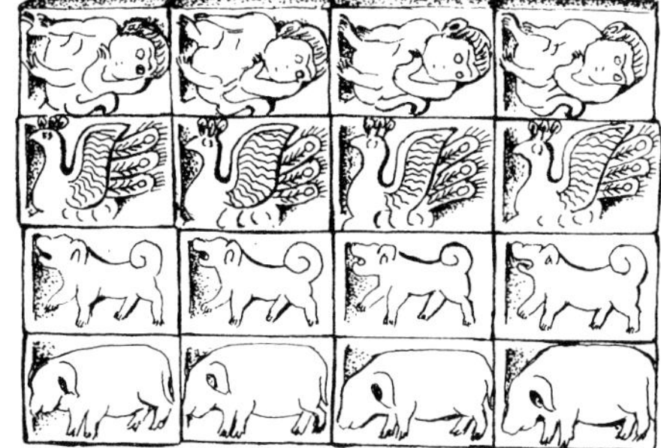

木刻法轮纹诺尔布

近代
木
单片长3.1厘米　宽3.1厘米
厚0.6厘米
原件藏于内蒙古博物馆

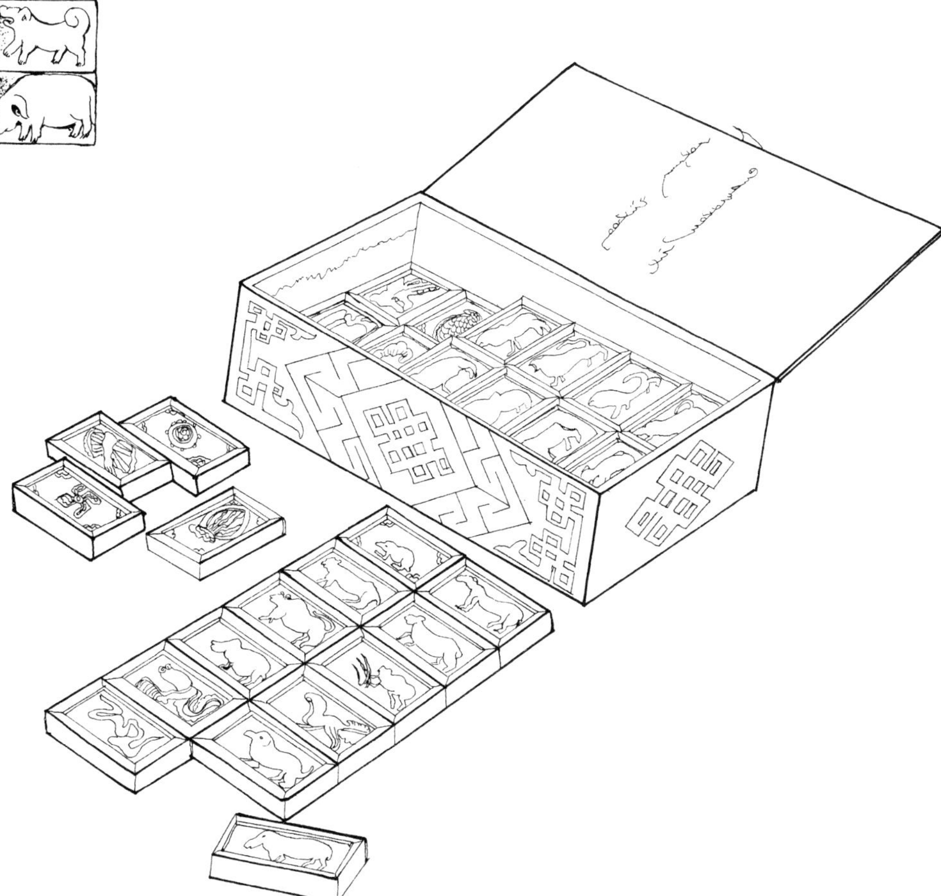

木刻盘肠法轮纹诺尔布

近代
木
单片长3.7厘米　宽2.5厘米
厚0.7厘米
原件藏于内蒙古博物馆

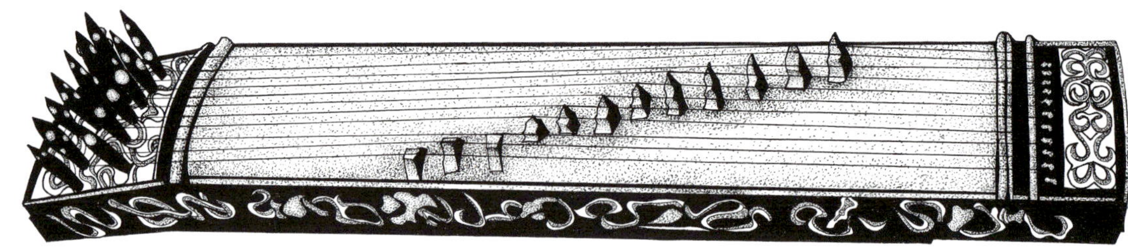

十三弦雕饰八宝纹蒙古筝

清

木

通长133厘米　宽21.3厘米　通高23厘米

内蒙古博物馆藏

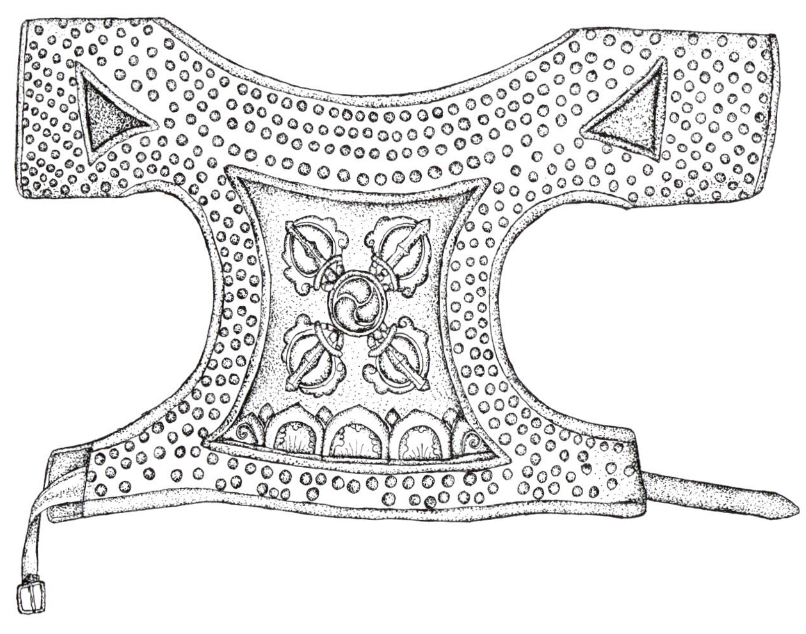

宝杵纹摔跤甲衣

金彩法轮纹团药盒

清
木
高9.9厘米　口径16.8厘米
底径13.5厘米
内蒙古博物馆藏

莲瓣纹牛角式吸气银拔罐

清
银
高16.1厘米　口宽5.7厘米
内蒙古博物馆藏

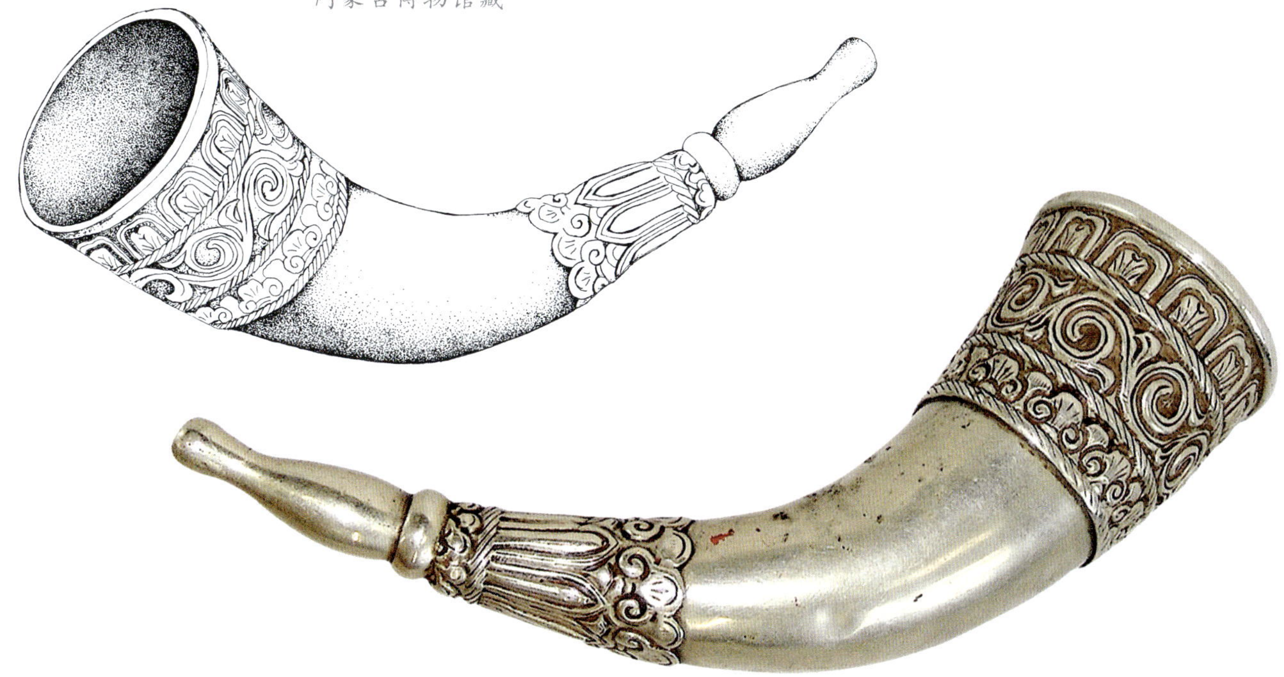

喇嘛看病

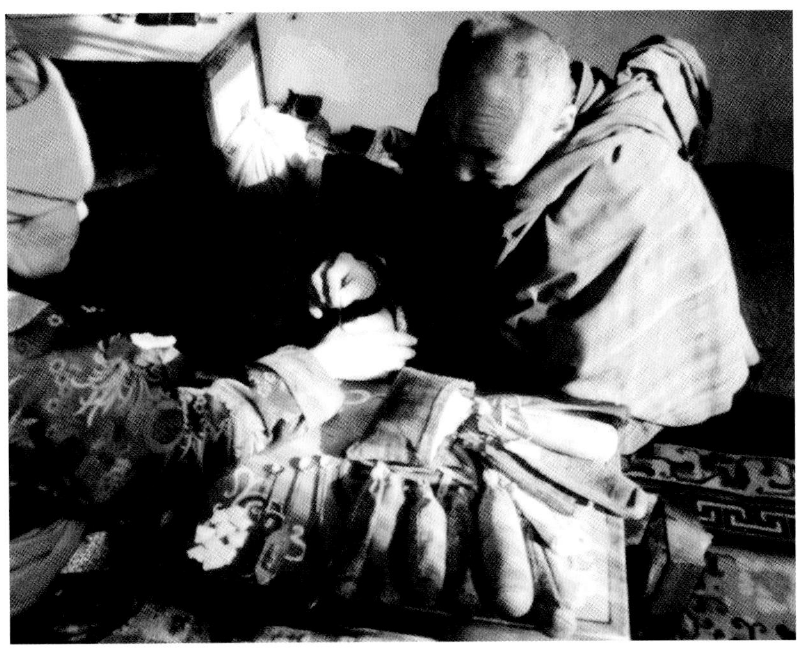

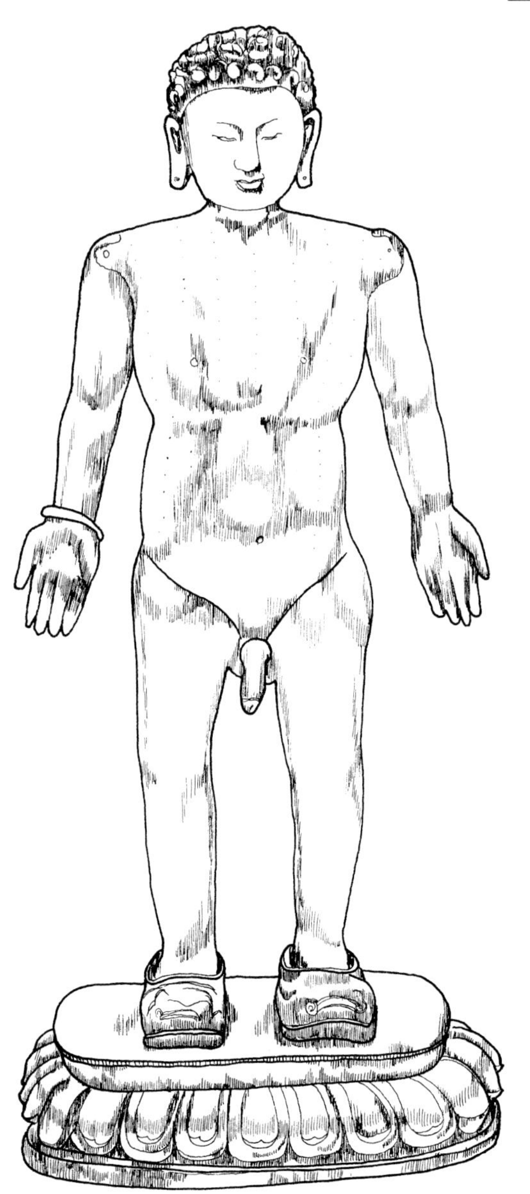

莲座蒙医针灸铜像

清

铜

通高67.5厘米　像高60.5厘米

底座长30厘米　宽22厘米

原件藏于内蒙古自治区中蒙医研究所

喇嘛医书

清
木、纸
长55厘米　宽10.5厘米
护板长63.3厘米　宽12.5厘米
内蒙古大学民族博物馆藏

铜骨灰罐

清
铜
通高23厘米　口径17厘米　腹径28厘米
内蒙古博物馆藏

楠木红漆金书经文骨灰罐

清
木
通高94.5厘米　口径31.5厘米
底径35厘米　腹径63厘米
内蒙古自治区赤峰博物馆藏

整根楠木掏旋制成，器表通施红漆地，其上自肩部以金彩环行书写归整的藏经。此系清皇太极之女固伦淑慧公主阿图的骨灰罐。阿图于1648年下嫁巴林右旗札萨克（旗长）色布腾。死后，依照喇嘛教礼仪行火葬，将骨灰装入罐下葬。

蒙古族宗教信仰基本概貌

宗教是对超自然存在和力量的有组织的信仰，它由信仰和行为模式构成。宗教观念是通过各种不同的宗教行为表现出来的，人们可以借助某种规定的方式使超自然力量以某种方式起作用，人们求助于祈祷、献祭及其他宗教仪式，试图用宗教手段控制本来超出他们控制范围的宇宙某一领域。所有宗教都满足各种各样的社会和心理需求，萨满教和藏传佛教所进行的仪式活动同样都表达了这样一种信仰。

然而，这里仍然存在着相当大的差异。传统的宗教成分作为民间信仰，是从各个民族的社会和政治条件中生发的，而且与这个民族的精神结构和社会结构紧密地结合在一起，仍然局限于本民族和种族成员之中。依据有关资料可以得知，萨满教主要处于民间状态，即没有严密的组织、系统的教义和固定的宗教场所，它不具备作为社会意识形态之一的“宗教”的全部内涵，是一种封闭式的思维系统。与此相反，佛教中所虚构出来的宗教世界的规范，其意识形态是通过技术的、有组织的手段去解决问题的。这样一来，尽管民间信仰更多地是表现在意识上，而不是在组织上，但它却给系统宗教信仰印上了当时自己地区性的标记。对这类传统的宗教信仰而言，佛教显得特别能够兼容并蓄。藏传佛教传入蒙古地区之后，部分地保留蒙古族传统宗教萨满教的内容，并把它添加到成为主要派别的佛教仪轨中。

尽管世界上各种文化承认的神和灵魂的种类不胜枚举，但宗教的传统观念使人们首先把宗教理解为以神道为中心的信仰系统。信仰者都把崇拜对象神圣化，所有的宗教神学理论及宗教教义都承认存在着现实社会之外的超人间的神秘力量、神秘主宰，并把这个神秘领域作为认识对象。灵魂观念是一切宗教观念中最重要、最基本的观念之一，是整个宗教信仰的发端和赖以存在的基础，是全部宗教意识的核心内容。

藏传佛教传入蒙古地区之前，蒙古族及其先民长期笃信萨满教，萨满文化已在这一地区生根繁衍、传袭下来，随着时间的推移，这种信仰渗透到他们日常生活的不同层面和社会文化的各个领域，成为蒙古族最基本的传统与习俗。信奉该教的百姓“重鬼右巫”，禳灾解祸，祛病除邪的心理与他们紧密地联系在一起。

作为北方原始文化的重要载体，萨满教蕴含着北方先民在漫长的历史进程中形成的思想观念，积淀着北方先民的心理意识。从地域文化的角度来看，蒙古民族生活的地区和其原始族源的文化中最主要、最普遍的文化形态是萨满教文化，这种宗教以万物有灵论和自然崇拜为基础，其信仰几乎囊括了处于不同历史发展阶段上的各个民族固有信仰体系中最古老、最丰富的内容。诸如天地山川、日月星辰、风雨雷电、飞禽走兽、草木鱼虫等等自然界的诸多事物和现象。人们通过一系列具有象征意义的仪式化活动来影响这些神灵，并借助于这些神灵的力量来完成人力所不及的事情，进而影响自然和社会。

所谓萨满教，是以通常在恍恍惚惚的异常心理状态下，与超自然的存在（神灵、精灵、亡灵等）直接接触、交流，并且在这种过程中进行预言、神托、占卜、治病等人物（萨满）为中心的咒术——宗教的形态。根据《多桑蒙古史》记载："珊蛮者，其幼稚宗教之教师也。兼幻人、解梦人、卜人、星者、医师于一身，此辈自以各有其亲狎之神灵、告彼以过去、现在、未来之秘密。击鼓诵咒，逐渐激昂，以至迷惘，及神灵之附身也，则舞跃瞑眩，妄言吉凶，人生大事皆询此辈巫师，信之甚切。"

随着藏传佛教的传入，佛教与蒙古族传统宗教观念互相接触，萨满教的一些教义、神祇和仪式主要纳入了佛教之中，于是形成了萨满教与佛教文化相互融合的现象，并形成了自己浓厚的地方特色。同时，这两种宗教文化积淀通过宗教教义、宗教仪式和宗教哲理来深刻地影响着当地信仰群体。

关于蒙古族所崇奉的神的情况，我们可以从考古发掘、田野调查及文献资料等中发现天是他们所崇奉的最高神。据记载，古代蒙古人崇奉由天主宰的天体、日月星辰、风雨雷电、以及大地、山河、森林、水、火等，但他们崇奉的各种大自然对象中，只有一个主宰者，这就是天，即永恒的天神、天帝、长生天。《多桑蒙古史》特别提到："皆承认有一主宰，与天合名之曰腾格里。崇拜日月山川五行之属。出帐南向，对日跪拜。奠酒于地、以酹天体五行，……或求珊蛮禳之。"《蒙鞑备录》也记载："其俗最敬天、每事必称天"。因此，祭天即祈祷长生天是其重要的宗教仪式。

一个民族所崇奉的神，乃至从种族上来说，之所以与君侯紧密地联系在一起，重要的是由于他的神明来源于天，是由天所赐予的。成吉思汗自幼接受蒙古族固有宗教观念，深信萨满教。因此他言必称“靠长生天底气力”、“天地鉴证”等，“天力论”成为他的根本信仰和哲学思想。这些词句有力地证明了古代蒙古人信仰某种天力的存在，神界和凡界的所有力量都屈从于这种天力。萨满文化必须适应以君主为中心的世俗统治结构中，在这一建构过程中萨满文化改变其以自然神为中心的传统信仰模式，开始建构以“天”为中心的神的谱系，“无一事不归之于天，自鞑主至其民无不然”。

此外，祖先崇拜在蒙古族精神世界中同样占有重要的位置。古代蒙古人认为人的灵魂不灭，“以为死亡即由此世渡彼世，其生活与此世同。”据道尔吉·班扎洛夫在其《黑教或称蒙古人的萨满教》一文中特别提到“翁衮”，指出翁衮是祖先崇拜的表现，其起源在于灵魂不灭观念。除此之外，芬兰学者U·哈儒瓦在其著作中全面阐述了阿尔泰语系各民族的萨满教信仰，介绍了他们的灵魂崇拜、祖先崇拜的概况。先人们尊崇祖先的亡灵，定期举行祭祀，他们用这种仪式来维护宗法制度。因此，先民们特别重视祖先崇拜。

对大自然各种神灵、对祖先神灵的崇拜，后来演变为把各种神灵、祖先制成偶像加以崇拜。这一发展过程中，蒙古族原始美术开始走向了由自然物崇拜到造型艺术崇拜的整个过程。如在《多桑蒙古史》中记载的“以木或毡制成偶像，其名曰‘Ongon（翁衮）’悬于帐壁，对之礼拜，食时先以食献，以肉或乳抹其口。”

据蒙古国策·达赖先生的研究，最早的“翁衮”可能是“人们把自己认为最凶恶的东西的形状用木头或石头仿制出来，用草或毛绳捆起来，磕头，因而产生了神像，然后发展到人形的形象”。由此可以推断，宗教信仰为各种艺术创作提供了丰富而生动的题材。艺术作为宗教文化中的一个重要组成部分，它一方面再现具体现实的同时又往往服务于宗教的一项传教任务。

蒙古族的古代“翁衮”崇拜，根据其原型进行分类，可以归纳为腾格里（天）崇拜、动植物崇拜以及始祖崇拜等。值得提出的是，萨满巫仪中并非所有的动物都是作为图腾动物出现的，有些动物在萨满巫仪中只是扮演着辅助灵的角色。萨满教研究专家科索克夫在他的《萨满教研究》一文中指出，“动物崇拜主要基于两个原理，一是为了防止有害的凶猛动物（如熊、鲸、蛇、狼等）的侵犯，二是基于死者或死去的祖先萨满的灵魂变成某种动物的观念。而图腾的主要特点是相信某个人间群体同其他的动植物或无机物有着某种血缘联系。图腾动物要保护该群体的全体人员，而单纯的动物崇拜就没有这一特征”。然而，关于图腾的最基本的认识是，人们将某种动物或植物看成是自己的祖先。或许是由于狼被认为是蒙古民族的图腾的缘故，《蒙古秘史》的开头就描述了有关于蒙古民族的狼祖的著名表述。这说明在蒙古族始祖崇拜之初，有过一个以所崇拜的动物图腾为始祖的时代。在蒙古民族形成晚期，图腾崇拜已经逐渐演化成旗纛“苏勒德”崇拜，后来“苏勒德”成为“战神”和“主灵”的祭祀对象。据马可波罗、普兰尼·加尔宾、鲁布鲁乞等早期旅行家的游记记载，古代蒙古人的“翁衮”造型主要是用毡子、皮子、木头等来制作的。后来，随着社会的发展，在藏传佛教的压力下，“翁衮”被绘制于丝绸上，形成了绘画神像的时代变化。

除此之外，我们还可以从蒙古族的萨满服饰造型及其装饰纹样的特点来探索蒙古族传统崇拜观念与艺术表现形式。当一个萨满代表他的主顾作法时，他可能会穿戴某种虚饰的东西、手持各种法器——这种东西以危险感强化萨满作法的戏剧性。表示萨满身份的主要是萨满服，其他重要的标志物件还有萨满帽及萨满佩戴的一些东西。音乐和舞蹈是萨满跳神的重要表现手段和与神沟通的媒介，它们构筑了萨满仪典的基本框架。

萨满服是与萨满神话及其技法相关联的圣物，是萨满教信仰观念的集中展示。萨满将其穿在身上，利用自己的象征形式显示与神灵沟通的能力，即具备超越俗界，接触各种神灵的态势。对这样的服饰，通古斯人像“对宿有精灵的任何一种事物一样，持有一种恐怖与不安的观念。”同样，蒙古族也将萨满服饰视为神圣，神衣的装饰，不仅有自然崇拜与图腾崇拜类型的样式，而且以鸟类信仰为突出特征，并装饰着各种花草图纹。俄罗斯学者波塔宁在其论著中说：“萨满服的主要特征是全部衣面或绝大部分衣面上，都挂满了象征蛇的长短不同的辫子，这些辫子用各种花布或锦缎缝制成，一般有指头那么粗，少数也有猎枪口那么粗，它们的首端向上缀在萨满服上，……缀满了辫形蛇，背上、肩上、袖口上和前胸中央都有，最多的缀饰有1070条蛇。”蒙古族萨满神服带有大量的金属片，服装上还悬挂着长带和镜子之类的物件。据记载，一条长围裙或是由带形保护片以及皮条构成的悬挂物件，是所有萨满服装的一个特征，皮条上又扎着一定数量的镜子。有时镜子共九面，因为阿尔泰语族的民族都把九视为神圣数字。那些小片的存在通常表明萨满在他的服装上追求的是摹仿飞鸟，因而袖子和衣服前身的皮条或布条总是作为羽毛的象征，衣服后身的长片总是作为鸟尾的象征。

在藏传佛教传入蒙古地区之前，蒙古族先民们在萨满舞蹈祭坛上进行仪式时，就创造出了展示所崇奉的精灵的头饰和面具，其头部的表现形式也比较鲜明，不同形式的舞蹈可以通过这些头饰、面具来表现与神沟通时的不同状况，其中头饰主要为羽毛头饰、鹿角头饰、铁制角状物以及丝绸布之类的东西。这些东西都具有某些通神的神秘色彩，而不是简单的装饰物；面具在萨满活动中扮演着重要的作用，一般分为动物面具、神灵面具和图腾面具，通过这些面具可以影响面具所代表的神灵，而在舞蹈过程中使用面具不仅可以使整个舞蹈活动具有神秘的色彩，而且可以增加舞蹈的表现力。

萨满教跳神仪典中，萨满表现其魔法般的神力的重要工具主要是神鼓和铜镜，此外蒙古萨满所使用的法具还有神鞭、神刀、锣以及口弦琴等。

萨满跳神用的鼓可归为两大类：抓鼓类和单鼓类。据记载，萨满跳神用鼓为：铁圈、蒙革，下有一柄并缀铁环。抓鼓与单鼓一样，同为单面带环（或钱），蒙革的圆鼓，用鼓鞭（或鼓槌）击奏，其状如蒲扇，下有铁手柄，柄尾端拧成三个环，环上又挂有9个直径相同的小铁环。以鹿、狍的前小腿或藤棍为鼓棰（或用五彩布条装饰）。从考古资料中可以发现，蒙古族及其先民曾在贝加尔湖沿岸、蒙古高原和大兴安岭等处的岩画上，刻画了萨满巫师手执萨满鼓舞蹈的形象。考古学界认为这些岩画是一千多年前的室韦人或者鄂温克人萨满生活的写照，如在大兴安岭一带发现的岩画中就有不少或者是一个萨满拿着一面神鼓在活动，或者是主祭萨满和助神人拿着神鼓共同舞蹈的情景，或者是萨满和氏族成员共祭的场面，许多人的手中都持有神鼓。在《多桑蒙古史》中也载有："击鼓诵咒，逐渐激昂，以至迷惘。及神灵附体也，则舞跃瞑眩，妄言吉凶。"

蒙古族萨满的跳神仪典中，"鼓与腰镜并用"，是其在乐器使用上的典型特征。据说蒙古萨满所使用的腰镜一般由9到13面铜镜组成，徒弟只能用8面。他们把这些铜镜大小不等依次用皮条穿系拴在腰带上，系于腰际，摆动时碰撞作响。蒙古学者策·达赖的研究证明了这一点："两边腰带上系有九块青铜镜。而徒巫系八块，因为在未取得正式巫师称号以前，不能系九块青铜镜。”

但是随着藏传佛教思想在蒙古民间流传，蒙古族古老的天神观念主要纳入了佛教之中，因而佛教的神却承担起了世俗化的保护职能。黄教（喇嘛教）自明末传入蒙古地区以后，迅速在蒙古社会中蔓延。在这一历史过程中藏传佛教经过一场圆满的改宗，他们又负担起了保护寺庙或保证誓愿圣性的职责。因此，在蒙古地区逐渐形成了更具生命力的系统宗教——藏传佛教为传播载体的文化内容所构成的主体文化现象。

任何外来思想文化要想占领本土思想意识领域，都必须与本土固有的积淀下的土著文化心理相结合，且都必须完成本土化过程，否则只能退出或消亡。随着藏传佛教的渗透以及萨满教的衰退，以萨满教特征为基础的蒙古民族的固有文化即本土文化发生了很大的变迁。这一现象主要体现在天神观念之外，对于祖先崇拜观念中尤其是祭祀以及葬送仪礼等产生了较大的影响。如在祭祀仪礼中改变萨满教的偶像祭祀系统，而采取令牌来祭祀祖先。

由于佛教思想在蒙古社会的逐步强化，佛教神学所提倡的各种解脱目标——天国、极乐世界、佛国、涅磐却与蒙古族固有信仰融合到一起，成为主要信奉对象。他们可以被理解为一种精神境界，理解为精神上的一种纯洁与超脱状态。佛教在蒙古地区的发展结果，把萨满教的某些神祇接纳为佛教的护法神范围，把祭祀仪礼的一部分列入佛教密乘的修法仪轨之中，使藏传佛教在蒙古族精神世界中扎根。

佛教不仅改写了萨满教的自然神和图腾神系统，而且改写了萨满文化的祖先神系统和世界结构图示。例如，藏传佛教吸收了萨满教的火神系统，把蒙古萨满教中统治和权力化身的腾格里（天）神改写为藏传佛教隐修的神。

世界上存在着大量的以宗教信仰为内容的艺术表现形式或模式。正如英国人类学家雷蒙德·弗恩所评述：“宗教是一种从经验中创造出意义的艺术，它与其他任何一种艺术，比如诗歌一样，必须作象征方面的阐释，而非如实的理解。”由于元明清历代朝廷所推行的，都是一条不断扶植藏传佛教发展的政策，因此藏传佛教成为了蒙古地区的主要派别，藏传佛教文化艺术在这一地区得到了相应的发展。特别是佛教教义中所说的“身、语、意三所依”三密加持的佛像、佛经、法器等圣物，都有其自己的相应的位置和形象。

藏传佛教造像艺术题材众多，造型各异，在造像中金铜佛像最多，是藏传佛教雕塑艺术中具有代表性的重要组成部分。藏传佛教主要以密教传承为主，特别重视对密教的修习，以求即身成佛，形成了众多的密宗教派。密教修行的最高层次是无上瑜伽，而密宗在宗教实践中主张“即事而真”，提倡以佛陀、菩萨和祖师为本尊相应修行而达到与佛教真理的契合。这一旨趣正是影响并形成藏传佛教造像艺术题材众多、造型各异的根本原因。对这些神像的信仰程度、供奉地位和供奉方式都有次第区别。因为按照密宗的观点，修行者根基不同，修行又有高下之分，需要象征不同等级，不同修法的本尊予以引导，于是便有千姿百态的造像应运而生。

在藏密诸神中，是以各方主尊为膜拜对象，释迦牟尼佛只是其中之一。释迦牟尼佛作为佛教的始祖，最受信徒供奉崇拜，每个寺庙中都供有释迦牟尼像，造型高雅优美、富丽堂皇，而且都供奉在正殿（大雄宝殿）或供佛楼阁之中央。佛教艺术在蒙古地区发展的结果，除了历史上存在的释迦牟尼佛的先行者之外，那些后来被创造出来的生活在极乐世界的各种“神秘的佛陀”也在蒙古地区的佛教艺术中扮演了决定性的角色。密宗最常用“东南西北中”五方佛表达“转识成智”的佛教理论，这五方佛同样受到藏传佛教崇奉。他们分别为中央毗卢遮那佛、东方阿閦佛、南方宝生佛、西方阿弥陀佛、北方不空成就佛。

各种祖师造像是藏传佛教的又一重要内容。所谓祖师，是藏传佛教尊奉的在修学和弘法上有杰出成就的高僧大德，其地位与佛陀相同。历史上，藏传佛教各个教派所崇奉的祖师很多，但大多数祖师为某一教派单独奉祀，如八思巴、噶玛拔希、宗喀巴就分别为萨迦派、噶玛噶举派和格鲁派崇奉的祖师。因此祖师是藏传佛教造像的重要题材，各派大寺院都供奉历辈祖师像。随着藏传佛教格鲁派在蒙古地区的传播和发展，蒙古地区寺庙林立，各个寺庙都作为主佛（祖师）来供奉宗喀巴像。祖师造像外型简洁，没有过多的装饰，以写实性见长，一般仿照祖师生前面貌塑造，虽然他没有佛菩萨那样有量度和相好的严格规定，但也要根据祖师生前的相貌、宗教生活习俗和宗教功用来进行塑造，这样就使得不同身份的祖师像具有自己的形象特征和标志。格鲁派祖师宗喀巴标识为头戴桃形黄色尖帽，身着袈裟，两手在胸前结说法印，左右肩分别饰有经和剑，反映了宗喀巴大师真实的生活面貌和特有的宗教功用。

依据佛教教义，藏传佛教密宗有一个为信徒修习而助力之法门——观想，只要在修行时通过观想佛的庄严宝相而集中思想，实现与本尊的心灵沟通，佛陀法身便将永远不灭。本尊是诸佛菩萨的示现，因此尤其注重“意密”通过观想佛像本尊，密宗造像体现出了佛教教仪的象征主义的理性成分。它必须用具体的形象将密宗修习的法门表现出来，即修行者选一位佛或菩萨作为本尊，以使自己与本尊合一，领悟佛法。所以，在藏传佛教密宗中，除了存在大量温和静雅的“寂静相”外，还出现了那么多的狰狞恐怖、鼓目圆睁的“忿怒相”造像。如本尊、佛母、金刚护法神等皆多面多臂造型，这类繁琐的造型蕴涵着深刻的宗教意义。

藏传佛教典籍，最具特色的是各种版本的大藏经，其内容主要包括经、律、论三大部分。其经典主要是用藏文记录，称《甘珠尔》（经）和《丹珠尔》（律）两大类。元代喇嘛教传入蒙古地区后，喇嘛教的经典也随之在蒙古地区逐渐流传。在蒙古地区传播的大藏经除藏文《甘珠尔》和《丹珠尔》经外，还有按照藏文大藏经翻译、校勘、审定的蒙古文大藏经即《甘珠尔》和《丹珠尔》经，其分类、函数、种类，完全与北京版藏文大藏经相同。这些典籍刻写精美，装饰豪华，每一部经都是一件艺术珍品。尤其是藏文佛教经典的翻译、刊刻，为藏传佛教在蒙古地区的传播起到了重要作用。

藏传佛教寺庙的法器极其复杂并且风格特点非常鲜明，具有浓厚的神秘色彩。这些法器大致可以分为六大类：有礼敬、称赞、供养、持验、护魔、劝导各项。每件法器都有其不同的宗教含义，有的法器兼有数种用途。就其材质而论以金、银、铜为主，造型奇特，制作构思巧妙。其中许多也都是罕见的艺术精品。例如坛城、金刚铃、金刚杵、法轮、奔巴瓶、七政、八宝等，其用料考究、工艺精湛。

“七政”和“八宝”是藏传佛教的主要供器，而且也是最为常见的供奉圣物。“八宝”又称“八瑞相”，是藏传佛教最喜欢也运用得最多的吉祥图形符号。“八宝”由绘制精美的法轮、法螺、宝伞、幢幡、莲花、宝瓶、双鱼、盘肠结等八种象征吉祥清净、圆满幸福的器物组成。乾隆以前“八宝”只是以纹饰形式在各种器皿上时有出现，八宝的出现最早可推至元代。从乾隆时期开始出现单独成型的八宝器，这一时期的器皿大多以成组的形式出现。“七政”也称“七珍”，由金、银、琉璃、砗磲、琥珀、玛瑙以及珊瑚组成。“七政”在乾隆以前的器物上没有出现过。乾隆时期“八宝、七政”这些工艺的制作，均由圆饼形镂雕形式完成，图形下承以莲花式器座，并以金彩仿制铜镀金效果，这一制作方法一般与铜制品无二。

藏传佛教文化成就的第二个杰出方面，包括从音乐到绘画的各种形式的艺术。

乐舞作为宗教仪式活动的组成部分之一，与绘画一样，特别受到人们的欢迎。《元史·祭祀六》详细记载了元大都和上都的佛事仪式中的乐舞活动：“岁正月十五日，宣政院同中书省奏，请先期中书奉旨移文枢密院，八卫拨伞鼓手一百二十人，殿后军甲马五百人，抬舁监坛汉关羽神轿军及杂用五百人。宣政院所辖官寺三百六十所，掌供应佛像、坛面、幢幡、宝盖、车鼓、头旗三百六十坛，每坛擎执抬舁二十六人，拨鼓僧一十二人。大都路掌供应各色金门大社一百二十人，教十方司云和署掌大乐鼓、板杖鼓、筚篥、龙笛、琵琶、筝、绫七色，凡四百人。兴和署掌妓女杂扮队戏一百五十人，祥合署掌杂把戏男女一百五十人，仪凤司掌汉人、回回、河西三色细乐，每色各三队，凡三百二十四人。凡执役者，皆官给铠甲袍服器仗，俱以鲜丽整齐为尚，珠玉金绣，装束奇巧，首尾排列三十余里。都城士女，闾阎聚观。礼部官点视诸色队仗，刑部官巡绰喧闹，枢密院官分守城门，而中书省官一员总督视之。先二日，于西镇国寺迎太子游四门，舁高塑像，具仪仗入城。十四日，帝师率梵僧五百人，于大明殿内建佛事。至十五日，恭请伞盖于御座，奉置宝舆，诸仪卫队仗列于殿前，诸色社直暨诸坛面列于崇天门外，迎引出宫。至庆寿寺，具素食，食罢起行，从西宫门外垣海子南岸，入厚载红门，由东华门过延春门而西。帝及后妃公主，于玉德殿门外，搭金脊吾殿彩楼而观览焉。及诸队仗社直送金伞还宫，复恭置御榻上。帝师僧众作佛事，至十六日罢散。岁以为常，谓之游皇城。或有因事而辍，寻复举行。夏六月中，上京亦如之。”从这一描述不难看出佛教祭祀行为逐渐成为元代统治集团宗教活动的主要表现形式，其活动范围主要是在元朝宫廷和上都、大都，以及元朝统治的一些中心城市和部分地区。

随着藏传佛教在蒙古地区的兴盛，以寺庙宗教活动为中心的祭祀仪式也得到了相应的发展。藏传佛教寺院里最隆重的祭祀仪式是藏语称为“羌姆”的跳神法会。“查玛”是在蒙古地区传播的藏传佛教寺庙舞蹈的名称，是羌姆一词的蒙古语读音。查玛作为宗教寺庙的一种祭祀活动，具有独特的风格。这种舞蹈以寺庙宗教活动为中心，其表演有完整的程序与严谨的规范，表演者是寺庙中受过训练的喇嘛僧众。其内容与所扮的神灵因教派、寺庙不同而有差异。由于这些神巫都要遵守某些不能更改的传统，所以他们各自的服饰、面具、法器以及降神时的法冠都是有区别的。查玛的服饰豪华，多数服装都是绸缎蟒袍，款式独特，袖口呈马蹄状。其中，最著名的护法神巫所穿的衣服一般被称为“法王服”。这种衣服长袖拖地，色彩大部分是黄色，锦缎质地，并配以驼骨制成的骨雕佩饰。查玛的表演在鼓乐声中进行，伴奏乐器有法螺、唢呐、大鼓、钹、长号等。宗教仪式音乐在这里同样预示着另一个世界里那种和谐。

藏传佛教中普遍盛行的绘画艺术大致可归为壁画和唐卡两大类。

藏传佛教的壁画在各个寺院、经堂等宗教场所随处可见，其内容、题材广泛，而且吸收了印度、藏族、汉族、蒙古族等各民族绘画风格，艺术融合贯通，并创造出了独特的艺术风格。这些壁画宗教色彩极为浓厚，集中体现的都是藏传佛教教义思想，其中以各类神祇的画像、藏传佛教传播中的历史人物像，以及说法图、佛经故事图、神话和民间故事图、寺塔建筑图、各类吉祥图符为主要内容。

元代蒙古族统治者十分推崇佛教，大修佛寺，又十分重视寺院壁画工作。在蒙元壁画中，壁画题材多以藏传佛教为内容，其中最为珍贵的是多幅描绘世俗人物供养、祭祀、舞蹈、礼佛等壁画。值得一提的是在元代阿尔寨石窟艺术发展到最盛时期，到明代此石窟艺术仍有发展，这个时期的壁画一般画幅较大，往往绘满整个墙壁，画幅中出现了宗喀巴形象、毗沙门天王像，蒙古人俗称“财神”。像下多绘蒙古族家庭与高僧供养人，风格与美岱召明代壁画相似。

在明清两代，蒙古族地区藏传佛教文化进入了鼎盛时期，形成了具有蒙古族特征的藏传佛教文化。藏传佛教文化几百年来在蒙古地区的传播对蒙古族文化艺术产生了巨大的影响。在这一历史时期，随着蒙古族佛教文化艺术的形成与发展，形成了具有蒙古族特色的藏传佛教绘画艺术体系。蒙古族藏传佛教艺术画风的主要特征是在题材上除了藏传佛教的内容外，还加入了不少蒙古族历史故事及民风民俗。这一方面，美岱召在蒙古地区藏传佛教绘塑艺术中，以其浓郁的蒙古族生活气息而占据着特殊地位。现存许多壁画栩栩如生地反映了这一点，它是藏传佛教艺术宝库中艺术水平较高的部分。

唐卡系卷轴画的藏语音译，指绘制在各种质地的布帛上的绘画艺术，是藏传佛教寺院中普遍盛行的宗教用品。唐卡表现的是藏传佛教绘画艺术的另一精湛技艺。唐卡画是印度、尼泊尔、西藏绘画艺术与蒙古绘画艺术互相融合而发展起来的宗教用品。唐卡画自传入蒙古地区后，从技法和内容上丰富了蒙古民族的绘画艺术，它与召庙中的雕塑、壁画和建筑艺术相互衬托形成了严肃、庄重、神秘的气氛。

唐卡一般悬挂于寺院大殿的列柱上和佛像前，宣传教义，为宗教信仰服务。唐卡表现的题材，以佛像画和高僧传记画最为普遍，也有一些反映民间生活习俗的，还有少数是描绘天文历法和山水风景等。明清时代西藏佛教文化繁荣，是唐卡艺术发展的极盛时期。明清王朝出于政治目的对蒙古族接受藏传佛教文化给予了精神及物质上的扶植，因此藏传佛教在蒙古地区传播的过程中，不断与蒙古族本土文化融汇，逐步成为了蒙古族传统文化的重要组成部分。唐卡画在清代，从召庙开始走向民间，对民间绘画艺术的发展起到了促进作用。不难了解，在整个蒙古地区这种唐卡艺术的盛行，它在群众中的广泛传播，使其成为群众喜闻乐见的一种美术形式。

总之，蒙古族宗教文化是个世界性文化现象。但由于历史、地理等条件的关系，其文化形态必然带有鲜明的地域特色。在这一独特的历史、地理和人文环境条件下，蒙古族宗教文化所表现出的艺术魅力，使之成为了蒙古族传统文化所不可或缺的重要组成部分。这种宗教信仰和崇拜仪式作为一种具有实用功能的象征符号系统，熔铸了蒙古族宗教文化形态的基本特征。

参考文献

1. 黄强、色音：《萨满教图说》，民族出版社，2002年。

2. 郭淑云、王宏刚主编：《活着的萨满——中国萨满教》，辽宁人民出版社，2001年。

3. 道森编：《出使蒙古记》，中国社会科学出版社，1983年。

4. 多桑：《多桑蒙古史》，上海书店出版社，2001年。

5. （日）铃木范久：《宗教与日本社会》，中华书局，2005年。

6. 娜仁格日勒：《蒙古族祖先崇拜的固有特征及其文化蕴涵——兼与日本社会的比较》，内蒙古教育出版社，2005年。

7. （美）威廉·A·哈维兰：《文化人类学》，上海社会科学出版社，2006年。

8. 克林凯特：《丝绸古道上的文化》，新疆美术摄影出版社，1994年。

9. 余大钧：《一代天骄成吉思汗——传记与研究》，内蒙古人民出版社，2002年。

10. 何小莲：《宗教与文化》，同济大学出版社，2002年。

11. 鄂·苏日台：《蒙古族美术史》，内蒙古文化出版社，1997年。

12. 额尔敦昌编译：《内蒙古喇嘛教》，内蒙古大学出版社，1991年。

13. 德勒格：《内蒙古喇嘛教史》，内蒙古人民出版社，1998年。

14. 马吉祥、阿罗·仁青杰博：《中国藏传佛教白描图集》，北京工艺美术出版社，2005年。

15. 张力：《实用文玩收藏指南》，山东美术出版社，2005年。

16. 吉布：《唐卡的故事》，陕西师范大学出版社，2005年。

后记

《蒙古民族文物图典》，历经三年，即将付梓，感慨良多。这套书，是在经过近两年的研究思考，于2004年末决定组织撰写编辑的。组织此书，缘于以下考虑：中国北方草原地带的游牧民族，自古以来包括匈奴、东胡、鲜卑、突厥、契丹、党项、女真、蒙古等民族，对中国历史的发展以至中华民族的形成和发展的贡献是极其巨大的。不仅如此，对世界历史的发展，也产生过重要影响，特别是匈奴和蒙古族。可以说，世界上没有哪一个地方的游牧民族，如中国北方草原上的游牧民族那样，对世界历史的影响如此之大。这些古代民族在草原的自然环境条件下，创造了世界上独特的游牧文化。而蒙古民族是这些古代草原民族创造的游牧文化的集大成者。随着现代工业的发展，科学技术的进步，世界经济一体化的进程加快，草原游牧经济也在发生剧烈变革，传统的游牧文化在现实生活中也迅速演变以至于消失。保护这一具有世界影响的草原游牧文化，使这一人类宝贵的文化遗产得到传承，成为保持世界文化多样性的一朵奇葩，继续发挥其民族精神纽带的功能，是文物工作者，也是社会各界的责任。我从进入内蒙古文物事业行政管理行道不久，就意识到这是个需要认真考虑和对待的问题。

根据当前社会进步趋势，再想大面积保留完整传统游牧生产生活方式是不可能的，也是不明智的。而保护传统游牧文化的方式，一是搞草原文化保护区，划一块地方，组织一些牧民，按照传统方式进行生产和生活。二是收藏其文化和物质载体，即文物，并长久保存和展示。三是用图书音像等媒介予以记录。根据文物保护工作的特点，借鉴考古工作记录文化信息的方式，还是决定选择图书为媒介，作为记录也是保护和传承蒙古文化的一种方式。其具体确定为图典式的形式。“图典”即有图。这个“图”有彩色图片，也有墨线绘图。尤其是墨线绘图，把文物用简约的线条提炼出来，使其整体和关键部位一目了然。“典”则是有典型、典范、标准器的意思，即选择的典型的代表性的文物。总的指导思想是，这一图典，有类似蒙古族文物“字典”、“辞典”的功能。即使将来没有了实物，人们也可以通过此书的图，重新制作恢复消失的文物。这也算此套图典的一个值得称道的亮点吧。

根据蒙古民族传统文化的特点，将这套图典按六个方面，即鞍马、服饰、毡庐、饮食、游乐、宗教进行分类。有些类别间内容有些交叉，如鞍马文化中赛马的内容，在游乐文化中赛马也是不可缺少的，在编辑过程中根据侧重点不同，适当作了些调整。但要实现内容的科学归类，确也不是件容易事。所以，有些内容分布可能还有不尽合理之处。

此书看似“照物绘图”，实则是一次创造性的劳动。因为在此之前，虽然在国内外有一两种用线或照片反映蒙古民族传统文化的图书，但仍属零打碎敲，尚未见到比较系统的出版物。而这次是系统的收集整理和绘制蒙古族文物，并且每一个类别要有一篇完整的论述文章，以“图典”形式出版，这在世界上可能还是第一次。因此，遇到很多困难，最主要的是选择进入图典的文物，是否为“典”，各式各样的“典”。同一功能的器物，在不同的部落，其造型、材料可能有很大不同，均要选入。而有的器物，是某一地区代表性器物，特点突出，应当入选，但却找不到实物，或找起来相当费周折，给此书的编写工作带来相当大的困难。有的则只能成为缺憾。如果说此书有何不足，我认为主要是有些器物如我国新疆地区的、蒙古国和俄罗斯的一些有地方特点的应纳入蒙古民族文物范畴的工具因种种原因未能收入。虽然从蒙古民族整体上说，进入图典的文物比较系统和完整，但空间分布上看应是一个遗憾。只能待今后进行修订时再补充完善。

此书在编创过程中，得到诸多领导和朋友们的支持。内蒙古自治区党委常委、宣传部部长乌兰，在任内蒙古自治区副主席时，对此研究出版项目予以充分肯定和支持，并为此书作序。内蒙古自治区副主席罗啸天也积极支持了这套书的出版。内蒙古自治区文化厅厅长高延青也对项目的确立给予帮助。内蒙古博物馆的孔群、张彤、贾一凡三位同志在组织稿件和图片方面作了许多具体细致的工作。内蒙古画报社的额博先生也热情地为本书提供了照片。特别是内蒙古农业大学的硕士研究生陈丽琴，组织她的同学为本书绘制墨线图。全套书一千余幅墨线图，基本都是她亲手安排完成的。当2007年夏天她已毕业回到鄂尔多斯工作后，得知《蒙古民族鞍马文化》还有部分线图工作需要她，她又毅然请假，按照需要完成了工作。国家文物局单霁翔局长、张柏副局长、叶春同志都很关心这套书的编辑出版工作。这种为保护民族文化遗产的贡献精神很让我感动。文物出版社张全国书记、苏士澍社长、张自成副社长和第四图书编辑部全体编辑为此书出版作了诸多努力，还有许多朋友帮助和支持了此书的出版，在这里一并表示由衷的谢意。

2007年10月8日